Dutch grammar for beginners

With exercises

© Alain de Raymond, 2022
All rights reserved

To everyone who supported me while writing this book – especially my parents.

Table of Contents

Introduction: Dutch grammar for beginners 9
1. Pronouns..11
1.1 Personal pronouns as a subject..........................11
1.2 The possessive..13
1.3 Personal pronouns as objects............................14
1.4 Jij, je, jouw, jou......................................16
1.5 Hun, hen, ze..18
1.6 Indicative pronouns: die, dat, deze, dit................19
2. Verbs..23
2.1 The present tense.......................................23
2.2 The verb to be...26
2.3 To have..27
2.4 Niet & geen: the negative...............................28
2.5 The imperative...31
2.6 Moeten: to have to.....................................32
2.7 Kunnen and mogen..34
2.8 Future tense and willen.................................35
2.9 Graag..37
2.10 To like...39
2.11 Zou: would, should and could..........................41
2.12 To prefer...43
2.13 The present continuous................................45
2.14 The perfectum...47
2.15 The imperfectum.......................................50
2.16 To let: laten...52
2.17 To mean: bedoelen, betekenen, menen...................54

2.18 To continue 57

2.19 Reflexive verbs 59

2.20 Separable verbs 60

2.21 I don't remember 62

2.22 Passive 63

2.23 To know: kennen or weten? 66

3. Word order and conjunctions 69

3.1 Normal sentence structure 69

3.2 Inversion 70

3.3 The catapult or bijzin: verbs at the end 72

3.4 Als, zoals, of 74

3.5 After: na, nadat, daarna 76

3.6 Before: voor, vroeger, vorig......................................79

4. Adjectives and others 83

4.1 Adjectives plus -e 83

4.2 The comparative..85

4.3 The superlative...88

4.4 Soms, sommige or som: some 90

4.5 Druk, bezig: busy 93

4.6 Very: heel, veel, zeer 96

4.7 All: alle, allen, alles & anderen 98

4.8 Most, mostly: meeste, meestal, vooral 101

4.9 Other: anders, andere, anderen............................104

5. Nouns..107

5.1 The article: de or het?...107

5.2 Plural of nouns 109

5.3 Time: keer or tijd? 110

5.4 The diminutive 112
5.5 Half or helft 114
6. Other grammar 115
6.1 Er 115
6.2 Om te 118
6.3 Te 120
6.4 Nog 121
6.5 Only: enkel, alleen, maar, enige 123
6.6 Maar 126
6.7 Toch 128
6.8: The prepositions aan, bij and op 129
6.9 Eens 134
6.10 Even 135
6.11 Ook & wel 137
6.12 Dan 139
7. Solutions 140
8. QR codes 157
9. List of irregular Dutch verbs 164
10: More Dutch 166
11: About the author 168

Introduction: Dutch grammar for beginners
Hallo!

Thanks for buying this book.

It's designed as a reference book with exercises for beginners. It's based on my experience teaching Dutch to English speaking foreigners.

These students regularly ask the same questions and have the same grammar issues when learning Dutch. You'll find these answers and issues in this book.

Where possible, I added exercises for which you will find the solutions at the end of the book.

Even though certain topics will be a bit advanced, some of the explanations will be simplified. Dutch is a language of exceptions.

Some topics won't even be 'pure' grammar, but have some rules and that's why I included them.

Note that there are QR codes to my videos on my YouTube channel at the end of the book, in chapter 7, for additional explanations. Each chapter has one or more accompanying videos.

The chapters are grouped as follows:
1. Pronouns
2. Verbs (plus the negative)
3. Conjunctions and word order
4. Adjectives
5. Nouns
6. Rest

Happy learning,
Alain

1. Pronouns

1.1 Personal pronouns as a subject

The personal pronouns, are similar to the English pronouns. In the table below shows the pronouns as a subject, the person or thing doing the action in the sentence, as in:

- Hij ziet het huis. (He sees the house)

ik	I
jij / je	you
hij	he
zij / ze	she
wij / we	we
jullie	you
zij /ze	they
u	you

When using the endings with -ij, the pronoun is stressed. Endings with -e do not emphasise it:

- **Jij** moet dat doen, niet ik! (You have to do it, I don't)
- **Je** moet dat doen. (You have to do it, it's you who has to do it but that fact doesn't matter much)

She and they both use zij/ze. The conjugation of the verb (see chapter 2.1) will show which one it is:

- Zij drink**en**. (they drink)
- Zij drink**t**. (she drinks)

There are three ways to say you:

- **Jij** zwemt. (You swim - singular informal)
- **U** zwemt. (You swim - singular and plural formal)
- **Jullie** zwemmen. (You swim - plural informal)

'Het' is used for it.

- **Het** is interessant. (It's interesting)

1.2 The possessive

Just as in English, the possessive shows who owns something:

mijn	my
jouw / je / uw	your
zijn	his, its (for nouns with het as an article)
haar	her
ons / onze	our
jullie / je	your
hun	their

Uw is used for the formal 'your', jouw and je for informal 'your.' Jouw is with emphasis, je without:

- Dit is **jouw** auto. (it is your car, not someone else's)
- Dit is **je** auto. (it's your car, no need to stress it's yours)

Ons is used with nouns taking het as an article, onze with nouns taking de:

- Zie je **ons** boek? (do you see our book?)
- Daar zijn **onze** gerechten. (there are our dishes)

1.3 Personal pronouns as objects

Personal pronouns are the pronouns used as an object of the sentence, e.g. He wants <u>me</u>.

mij / me	me
jou / je / u	you
hem	him
haar / ze	her
het / hem	it
ons	us
jullie	you
ze / hun	them

Mij, jou and hun are used with emphasis, me, je, ze in the plural without.

- Zie je **mij**? (Do you see me? The others are less important)

Haar and ze can both be used, ze is used more often in Belgium, haar in the Netherlands.

Het is used for nouns taking het as an article, hem for nouns taking de as an article:

- De auto: Ik zie **hem**. (I see it, it being the car)
- Het boek: Ik zie **het**. (I see it, it being the book)

1.4 Jij, je, jouw, jou

Jij, jouw and jou can only be used according to their function in the sentence. Je can be used for all purposes.

Jij (je)	You as a subject
Jou (je)	You as an object
Jouw (je)	Your
Je	All of the above (plus reflexive, see chapter 2.19)

Jij, jou and jouw are with emphasis, je without.

- **Jij** doet het, ik niet! (You do it, I won't)

With prepositions, use jou (or je):

- Dat is voor **jou**. (That's for you)
- Ik spreek met **je**. (I'm talking with you)

Examples:

Jij hebt **jouw** laptop, toch?	You have your laptop, right?
Ik heb **jou** gezien.	I've seen you.
Scheer **je** morgen.	Shave tomorrow. (reflexive)

Exercises:

Fill in: jij, jou or jouw:

1. Zie _____ me?
2. Dat is _____ probleem.
3. Ik geef _____ mijn boek.
4. Zijn die papieren van _____?
5. Eet _____ _____ salade?
6. Wel, _____ punten zijn goed.
7. _____ zwemt goed.
8. Is dat van _____?
9. Hij zegt _____ dat het goed is.
10. Ik vraag _____ _____ boeken.
11. Ga _____ _____ drankjes nemen?
12. Ik doe het voor _____.

1.5 Hun, hen, ze

Rules about hun, hen and ze are rather complex and not always clear. Even natives sometimes don't know which one is correct. However, use hun for the possessive.

Hun	Their, them
Hen	Them
Ze	They, them

Note that:

- Ze is more informal.
- Hen is preferred after prepositions: Dat is **voor** hen. (That's for them)
- Hun = aan hen (to them): Ik geef het **hun** = ik geef het **aan hen**. (I give it to them)

Examples:

Is dat niet **hun** computer?	Isn't that their computer?
Zie je **hen/hun/ze**?	Do you see them?
Ze zijn hier.	They're here.

1.6 Indicative pronouns: die, dat, deze, dit

The indicative pronouns are the ones pointing at a noun. However, they have more than one use in Dutch.

Die stoel **Deze** stoel	That chair This chair
Dat glas **Dit** glas	That glass This glass
Dat, die Dit, deze	That (standing on its own) This (standing on its own)
Dat, die	That, who (connecting sub-clause)

Dat, deze, die and dit have three functions:

1. In front of a noun.
2. Standing on itself.
3. To connect sub-clauses (only dat and die).

In the first case, it will depend on the noun it stands with which one to use:

	here	there
Noun taking de as article	deze	die
Noun taking het as article	dit	dat

Examples:

- **Deze** stoel (this chair), **die** stoel (that chair) as 'stoel' has 'de' as an article.
- **Dit** huis (this house), **dat** huis (that house) as 'huis' takes 'het' as an article.

Trick: die and deze end with -e (from d**e**) and dit and dat end with -t (from he**t**)

In the second case, dat (and dit) is used to generally describe situations:

- **Dat** is goed. (It's good, that's good)

But you can be more specific with deze or die:

- **Deze** is interessant. (this one is interesting, referring to noun taking de as article)

In the third case, the choice of dat and deze refers to the noun in stands after:

- Ik lees <u>het boek dat</u> jij ziet. (I read the book that you see)
- Ik zit op <u>de stoel die</u> hij koopt. (I sit on the chair he's buying)
- Hij spreekt met <u>de vrouw die</u> leest. (He talks with the woman who reads)

Note from the translations above: do not use wie (who) as a connecting word and use die or dat even if in English there is nothing as in the second example.

Examples:

Wil je **dat** boek?	Do you want that book?
Dit is ook goed, maar **dat** wil ik niet.	This (one) is also good, but I don't want that (one).
Die kat is mooi.	That cat is beautiful.
Die wil ik, maar **deze** niet.	That one I want, but not this one.
Heb je de auto **die** ze willen?	Do you have the car that they want?
Ik heb het boek **dat** je wil.	Ik have the book that you want.

2. Verbs

2.1 The present tense

Use the infinitive (denken in this example) for the plural forms. The form with ik removes the -en. Other forms of the singular add -t.

Ik	denk	I think
Jij	denkt	You think
Hij / zij / u	denkt	He / she / you think
Wij / jullie / zij	denken	We / you / they think

If jij or je is behind the verb, the t is dropped. This only happens with jij or je.

- Denk jij? (Do you think?)

If the ik-form ends with an s, it changes into a z in the plural. Same so for f, becoming a v.

- Ik kies, jij kiest, wij kiezen. (to choose)
- Ik schrijf, hij schrijft, wij schrijven. (to write)

For the plural, double the consonant of verb conjugations ending with one vowel and one consonant.

- Ik zit, we zi**tt**en (to sit)
- Ik was, we wa**ss**en (to wash)

Remove in the plural one vowel of verb conjugations ending with two same vowels and one consonant. Do not apply this to verbs with short e's.

- Ik l**ee**s, we l**e**zen (to read)
- Ik l**oo**p, we l**o**pen (to run)
- Ik op**e**n, we op**e**nen (to open, short e)

There are a number of exceptions to the conjugations, e.g.:

- Ik zie, jij ziet, we zien (to see)

Exercises

Write the conjugations of:

1. Maken (to make)
2. Geloven (to believe)
3. Luisteren (to listen, short e)
4. Geven (to give)
5. Werken (to work)

Fill in the right conjugation:

1. Jij (zien) hem.
2. We (spreken) nu.
3. (werken) je?
4. Ze (wassen) de auto.
5. Wat (denken) jij?
6. Hij (geven) het.
7. Wat (denken) u?
8. Jullie (lopen).
9. Ik (zien) het.
10. Jij (schrijven) goed.

2.2 The verb to be

Ik	ben	I am
Jij / u	bent	You are
Hij / zij	is	He / she is
Wij / jullie / zij	zijn	We / you / they are

U follows the conjugation of jij, but this is an exception.

Bent drops the t when jij is behind the verb, but u doesn't:

- **Ben** jij hier? (Are you here? Informal)
- Ben**t** u hier? (Are you here? Formal)

Zijn also means 'his':

- Dat is **zijn** auto. (that's his car)

The verb zijn is also used for the passive, the perfectum tense and the present continuous (see other chapters).

2.3 To have

Ik	heb	I have
Jij / u	hebt	You have
Hij / zij	Heeft	He / she has,
U	Heeft/hebt	You have
Wij / jullie / zij	hebben	We / you / they have

U follows the conjugation of jij, but this is an exception, just like with the verb to be.

Hebt drops the t when jij is behind the verb, but u doesn't drop the t:

- **Heb** jij een auto? (Do you have a car?)
- **Hebt** u een auto? (Do you have a car?)

You can both use 'u hebt' and 'u heeft', there's no difference between them.

Hebben is also used for the perfectum, one of the past tenses.

2.4 Niet & geen: the negative

| Niet | Not |
| Geen | No (+ noun) |

Geen is used in front of nouns without articles, or indefinite articles (like een).

Niet is used in all other cases, and placed at the end of the sentence, but in front of:

- prepositions,
- verbs that aren't conjugated and
- adjectives.

Examples:

Ik heb **geen** schoenen.	I have no shoes.
Ze komt morgen **niet**.	She doesn't come tomorrow.
We gaan **niet** naar Nederland.	We're not going to the Netherlands.
Ze willen het **niet** zien.	They don't want to see it.
Jij zal dat **niet** doen.	You won't do that.
Dat was **niet** slecht.	That wasn't bad.

An exception to the position of niet is when you want to emphasise a word:

- Dat is **niet** morgen, maar overmorgen! (It isn't <u>tomorrow</u>, but the day after tomorrow)
- **Niet** zij hebben het gezien, maar wij! (<u>They</u> didn't see it, we did)
- Je zal **niet** dat doen, maar dit! (You won't do <u>that</u>, but this)

With determinate articles, use niet and not geen:

- We zien **de** boeken **niet**. (We don't see the books)

No as the opposite of yes is nee or neen.

- **Nee**, dat wil ik niet. (No, I don't want that)

Exercises:

Write the sentences with niet or geen (without emphasising a word in the sentence)

1. Gaan ze morgen naar Brussel?
2. Hij werkt.
3. We willen problemen.
4. Gaan jullie dat doen?
5. We nemen de tram.
6. Dat is langzaam.
7. Rijd je met de auto?
8. Ze moeten naar de muziek luisteren.
9. We schrijven naar hem.
10. Kan je dit lezen?
11. We hebben vragen.
12. Dat concert is goed.
13. Morgen zullen we appels eten.
14. We houden van dat soort muziek.
15. Hier zwemmen mensen.
16. We wachten op een bus.
17. Dat zal een probleem zijn.
18. Die oefeningen zijn moeilijk.
19. We denken dat.
20. Ik zal het hem vragen.

2.5 The imperative

The imperative is simply the ik-form of the verb. It sounds harsh, so use words like eens, even, maar or alsjeblieft to soften it. It also depends on your intonation.

Examples:

Schrijf het in jouw boek.	Write it in your book. (sounds rather direct)
Geef het maar aan mij.	Give it to me.
Spreek eens met hem.	Talk with him.
Kom even hier.	Come here.
Ga alsjeblieft niet weg.	Please don't leave.

The imperative of to be is the only exception, namely 'wees':

- **Wees** maar vriendelijk. (be friendly)

2.6 Moeten: to have to

Moeten is used for saying 'must', 'have to' or 'need to.' Intonation matters to determine the differences.

Mo**est** is simply the past tense of moeten, there is no connection with the difference between 'to have to' and 'to must.'

Moeten	To must, to have to, to need to
Moest	Had to, needed to
Hebben (te)	To have (to)
Nodig hebben	Need (with objects)

For 'to need': if there's a 'to' after need, use moeten. If not, use nodig hebben. Willen is also possible, if needing means 'to want':

- Ik **heb** die telefoon **nodig**. (I need that phone)
- Ik **moet** die telefoon kopen. (I need <u>to</u> buy that phone)
- Hij **wil** dat je dat doet. (He needs/wants you to do that)

Nodig is not a verb, so use hebben with it.

Examples:

Ik **moet** morgen naar jou komen.	I must / have/need to come to you tomorrow.
Je **moet** dat niet doen.	You don't have to do that.
Hij **heeft** veel werk **te** doen.	He has a lot of work to do.
We **moesten** het zeggen.	We had to tell it.
We **hebben** dat boek **nodig**.	We need that boek.

With 'hebben te', an object is needed and te needs to be placed in front of an infinitive, which makes it hard for beginners to use correctly. Use moeten instead.

- Ik heb **drie brieven** te **schrijven**. (I have to write three letters)
- Ik **moet** drie brieven schrijven. (I have to write three letters)

A need is 'behoefte' or 'nood':

- Ik heb **behoefte** aan een nieuwe uitdaging. (I have a need for a new challenge)

ik	jij	hij/zij	u	wij	jullie	zij
moet				moeten		

2.7 Kunnen and mogen

Kunnen and mogen are both translated as 'can' in English, but have a different meaning in Dutch.

kunnen	To be able to, to have the possibility of
mogen	To be allowed to, to have the permission of

Kan ik eten? means 'am I able to eat', so use Mag ik eten? instead, to ask if you're allowed to eat.

Examples:

Mag je dat doen?	Are you allowed to do that?
Kan je dat doen?	Are you able to do that?

ik	jij	hij/zij	u	wij	jullie	zij
		mag			mogen	
kan	kan / kunt	kan	kunt		kunnen	

2.8 Future tense and willen

Use gaan or zullen plus an infinitive to express the future tense.

zullen	Will, shall (formal)
gaan	Will, to go (informal)
willen	Want to

Zullen is more formal and used more often when writing, gaan is used informally. Gaan, without another verb, also means 'to go':

- We **gaan** naar Nederland. (We're going to the Netherlands)

The most common mistake is to use 'willen', to want to, to express the future tense.

Examples:

Dat **zal** ik niet doen.	I won't do that.
Gaan we morgen zwemmen?	Are we going to swim tomorrow?
Ze **willen** niet lezen.	They don't want to read.

The conjugations are:

ik	jij	hij/zij	u	wij	jullie	zij
ga	gaat	gaat	gaat		gaan	
wil	wil / wilt	wil	wilt		willen	
zal	zal / zult	zal / zult	zal / zult		zullen	

Exercises:

Translate formally:

1. Tomorrow I want to read.
2. I'm going to Belgium.
3. We're going to write.
4. I will do that.
5. They are going to speak.

2.9 Graag

Graag is not a verb, despite being translated as a verb in English as 'to like.' See other forms of to like in the next chapter.

Graag	• To like • Yes, with pleasure • Yes, sure

Always use another verb to express 'to like' with graag:

- ~~Ik graag Brussel.~~ Ik **heb** graag Brussel. (I like Brussels)
- ~~Ik niet graag koffie.~~ Ik **drink/heb** niet graag koffie. (I don't like coffee)

Examples:

Ik drink **graag** koffie.	I like to drink coffee
Ik luister **graag** naar muziek.	I like to listen to music
Ik woon niet **graag** in Brussel.	I don't like living in Brussels
Ga je **graag** naar dat park?	Do you like to go to that park?
Wil je koffie? **Graag**.	Do you want coffee? Yes, sure.

In the negative, use niet in front of graag:

- Dat doe ik **niet** graag 's avonds. (I don't like doing that in the evening)

Exercises:

Make the sentence with graag.

1. Gaan / naar / strand / wij / het / .
2. Terug / ze / niet / komen / .
3. Tv / naar / ik / kijk / .
4. In / je / niet / natuur / wandel / de / ?
5. Werkt / voor / hij / dat / bedrijf / .
6. Je / koffie / drink / ?
7. Lezen / boeken / niet / wij / .

2.10 To like
There are three main ways to say you like something.

Graag	To like (needs a verb)
Houden van	To like, to love
Leuk / interessant / lekker / ... vinden	To like (literally: to find something fun / interesting / tasty)

Houden uses the preposition van. Without, it means 'to keep':

- Ze **houdt van** haar hond. (She loves/likes her dog)
- Ze **houdt** haar hond. (She keeps her dog)

Pay attention to the adjective used with 'vinden.' Food will use 'lekker', leuk means 'fun.'

- Hij vindt die foto **leuk**. (He likes that picture - because it's a funny picture)
- Vind je die krant **goed**? (Do you like that newspaper - because it's a good newspaper?)

Graag always uses a verb for 'to like':

- We gaan <u>graag</u> naar Gent. (We like to go to Ghent)

Can't find a verb going with graag? Use 'hebben.'

- Jullie **hebben** honden graag. (You like dogs)

Examples:

Drink je **graag** koffie?	Do you like to drink koffie?
Ze **houden van** dat liedje.	They like that song.
Ik **hou van** je.	I love you.
Ik **vind** de pizza **lekker**.	I like the pizza.
We **vinden** die brug **mooi**.	We like that bridge. We think the bridge is beautiful.

Exercises

Write 3 different ways:

- He likes cats. (katten)
- I like driving. (rijden)
- They like to eat in the restaurant. (in het restaurant eten)

2.11 Zou: would, should and could

Zou is the equivalent of would in English, but changes if you add moeten, willen and kunnen.

Zou (singular), zouden (plural)	Would
Zou moeten	Should
Zou willen	Would like (also could, in a question)
Zou kunnen	Could

Zou is used for rumours, when you're asking yourself something and for advice:

- Hij **zou** geen auto hebben. (I heard he doesn't have a car)
- Wat **zou** ik in die situatie doen? (What would I do in this situation?)
- Ik **zou** dat zo doen. (I advise you to do it like this)

Zullen is used for the future tense (see chapter 2.8). Zou is used for would:

- Ik **zal** die e-mail schrijven. (I **will** write that email)
- Ik **zou** die e-mail schrijven. (I **would** write that email)

Examples:

Wat **zou** je doen met één miljoen euro?	What would you do with one million euro?
Morgen **zou** ik naar de winkel **moeten** gaan.	Tomorrow, I should go to the shop.
Ze **zouden** naar de bioscoop **willen** gaan.	They would like to go to the cinema.
Zou je dat voor mij **kunnen** doen?	Could you do that for me?

Note that the kunnen, willen and moeten will be put at the end of the sentence, just before the other infinitive.

2.12 To prefer

The standard option to say 'to prefer' is liever, which is not a verb. It's the comparative form of 'graag' and is always used with a verb, just like graag:

- Ik speel **graag** met de computer, maar ik speel **liever** met de kinderen. (I like to play with the computer, but I prefer to play with the kids)

liever	Prefer (with other verb), rather
verkiezen	Prefer to, pick from

Verkiezen also means to prefer, but gives the notion of choice. Kiezen means to choose.

- Ik verkies een reis naar Marokko. (I choose/prefer a trip to Morocco over other options)

Examples:

Ik speel liever voetbal.	I prefer (to play) football.
Ze verkiest die taal.	She chooses/prefers that language (over the others).

With a noun, you can add lievelings- with the noun:

- Dat is mijn **lievelings**auto. (That's my favourite car)

Another option to express to prefer is to use the comparative with leuk vinden (see chapter 2.10 and 4.2):

- Ik vind hem leuk. (I like him.)
- Ik vind hem leuk**er**. (I prefer him / I like him more)

2.13 The present continuous

The present continuous isn't used as much as in English. It just stresses the fact the action is ongoing.

| Zijn + aan het + infinitive | Present continuous |

The present tense will often be used instead of the present continuous, so you could choose both:

- Hij kijkt naar tv. (He's watching television)
- Hij **is** naar tv **aan het** kijken. (He's watching television)

Examples:

Wat **ben** je **aan het** schrijven?	What are you writing?
Ik ben mijn huiswerk **aan het** doen.	I'm doing my homework.
Wat **was** je gisteren om 9 uur **aan het** doen?	What were you doing at 9 o'clock yesterday?

The last three words (aan het + infinitive) are written together and put at the end of the sentence.

A particular form of the present continuous are combinations with zitten (sit), staan (stand), liggen (lie down), lopen (run) and hangen (hang). The infinitive coming after needs a 'te':

- Hij zit. (He sits) + Hij leest. (He reads) = Hij **zit te** lezen. (He reads (while being seated))
- We liggen. + We slapen. = We **liggen te** slapen. (We sleep (while lying down))
- Ze staat. + Ze spreekt. = Ze **staat te** spreken. (She's talking (while standing))

Exercises:

Put the sentences in the present continuous:

1. We zwemmen.
2. De collega's spreken met mij.
3. Ze lezen het boek.
4. Ik rijd.
5. Wandel je?
6. Ze drinken het water. (+ staan)
7. Je kijkt naar tv. (+ zitten)
8. Hij droomt. (+ liggen)
9. We eten pizza. (+ zitten)
10. Denk je? (+ staan)

2.14 The perfectum

The perfectum[1] is one of the two most common past tenses and is used for:
- Facts and actions
- Things that happened once and whose results are still visible now

However, this is more a nuance than a rule.

The perfectum uses a conjugated verb (zijn or hebben) and a past participle. Most verbs use hebben as the conjugated verb. Regular verbs' past participle is formed as follows:

- Ge + ik-form + t/d

If the last letter you hear in the ik-form is part of **soft ketch**u**p**, use t at the end. Don't double it if the ik-form ends with a t or a d.

Present tense	Past tense	Translation
Ik werk	ik heb gewerkt	I've worked
Jij studeert	jij hebt gestudeerd	you've studied
Hij zegt	hij heeft gezegd	he's said
Zij leeft	zij heeft geleefd	she's lived

---

[1] A list of the past tenses of the 20 most common irregular verbs is in chapter 9.

Wij praten	wij hebben gepraat	we've talked
Jullie kennen	jullie hebben gekend	you've known
Zij leren	zij hebben geleerd	the've learned

Exercises:

Put these in the perfectum:

1. Ik leg
2. Jij probeert
3. Hij vraagt
4. Zij volgt
5. U antwoordt
6. Wij vormen
7. Jullie zetten
8. Zij kosten

Many verbs are irregular. Verbs starting with ge (not a long e), ver-, be-, ont- do not add the ge in the past participle:

- Ik gebruik / ik heb **ge**bruikt (I've used)
- Jij verbetert / jij hebt **ver**beterd (you've corrected)
- Hij belooft / hij heeft **be**loofd (he's promised)

Others are simply irregular.

- Ze doet / ze heeft **gedaan** (she's done)
- Wij zijn / we hebben **gezien** (we've seen)
- Jullie nemen / jullie hebben **genomen** (you've taken)

Some verbs, mostly of movement, take **zijn** as conjugated verb:

- Ik ben / ik **ben geweest** (I've been)
- Jij gaat / jij **bent gegaan** (I've gone)
- Hij komt / hij **is gekomen** (he's come)
- Zij blijft / zij **is gebleven** (she's remained)
- Wij beginnen / wij **zijn begonnen** (we've started)

With two verbs, use the infinitives and not the form with ge-:

- Ik moet drinken / ik heb **moeten drinken** (I had to drink)
- Jij blijft slapen / jij bent **blijven slapen** (You've kept on sleeping)
- Ze leren spreken / ze hebben **leren spreken** (they've learnt to speak)

2.15 The imperfectum

The imperfectum[2] is one of the two most common past tenses and is used for:

- Descriptions
- Things that happened regularly in the past and whose results aren't visible anymore

However, this is more a nuance than a rule.

The imperfectum uses the ik-form and adds -te/-de for the singular and -ten/-den for the plural. If the last letter of the ik-form ends with a sound from **soft ketchup**, a -te is added. Otherwise, use -de:

- Ik werk / ik werk**te** (I worked)
- We voelen / we voel**den** (we felt)

Exercises:

Put these in the imperfectum:

1. Ik leg
2. Jij probeert
3. Hij maakt
4. Zij volgt
5. U antwoordt
6. Wij vormen
7. Jullie leven
8. Zij kosten

---

[2] A list of the past tenses of the 20 most common irregular verbs is in chapter 9.

As with the perfectum, there are many exceptions. Normally, if the perfectum is irregular, so will the imperfectum.

- Ik moet / ik **moest** (I had to)
- Je kan / je **kon** (you were able to)
- Hij wordt / hij **werd** (he became)
- Ze komt / ze **kwam** (she came)
- Wij kijken / we **keken** (we watched)
- Jullie vragen / jullie **vroegen** (you asked)
- Ze denken / ze **dachten** (they thought)

2.16 To let: laten

Laten generally means to let, in combination with another verb.

| Laten | Let, leave, allow, get |

Laten can be used for leaving someone alone:

- Laat hem. (Leave him alone)

Laten is also the equivalent of 'to get' something done. It's closely related to the passive (see chapter 2.22) and means the same, but puts the stress on the person instead of the object:

- Ze laten hun haar wassen. (They get their hair washed, stress is on 'they')
- Hun haar wordt gewassen. (Their hair is being washed, stress is on the hair)

Examples:

Laten we naar België gaan.	Let's go to Belgium.
We gaan de boeken in de klas laten.	We're going to leave the books in the class.
Ze laat hen binnen.	She lets them in.
Laat hen komen!	Let them come! Allow them to come!
Hij laat zijn haar knippen.	He gets his hair cut. He lets someone cut his hair.

2.17 To mean: bedoelen, betekenen, menen

To mean has several meanings, but in Dutch a different verb will be uses for every meaning.

Bedoelen	Mean, 'want to say, intend to express'
Betekenen	Mean (what's in the dictionary)
Menen	Mean (to be serious)

With bedoelen, there's an intention that isn't clear, as in:

- Wat bedoelt hij? (What is he saying?)
- Ze bedoelt iets anders. (She means something else)

Betekenen refers to the use in the dictionary:

- Die uitdrukking betekent iets anders. (That expression means something else)

Menen is when you're serious, use it with 'het' or 'dat':

- Ik ga hem slaan, ik meen het! (I'm going to hit him, I mean it!)

Examples:

Wat bedoel je?	What do you mean?
Wat betekent 'de postbode'?	What does 'the postman' mean?
Hij meent het!	He means it!

Only people use bedoelen as objects can't have intentions. Betekenen can be used with people in this context:

- Hij heeft veel betekend voor ons bedrijf. (He meant a lot to our company)
- Mijn moeder betekent veel voor mij. (My mum means a lot to me)

Menen can also be used with opinions, don't forget to use te in front of the infinitive:

- Hij meent alles te weten. (He thinks he knows everything).

The nouns mean more or less the same, except mening:

- Het is de **bedoeling** om naar Nederland te gaan. (It's our purpose/goal/intent to go to the Netherlands)
- Zoek jij de **betekenis** van dat woord? (Do you look for the meaning of that word?)
- Wat is zijn **mening**? (What's his opinion?)

Exercises:

Fill in: betekenen / bedoelen / menen

1. Wat _____ ze met 'misschien'?
2. Dat _____ dat ze zullen moeten werken.
3. Hij _____ het zo niet.
4. 20 uur per week, dat _____ vier uur per werkdag.
5. _____ hij het?
6. Ze _____ veel voor ons, het zijn onze goeroes.
7. We _____ te weten waar hij is.
8. Jan _____ dat we het later mogen doen.
9. Dat woord _____ iets anders.
10. Het ruime sop kiezen, wat _____ dat?
11. We begrijpen niet wat hij _____.
12. Jullie _____ dus dat jullie de lunch later nemen?
13. Ik begrijp het niet, wat _____ je nu?
14. Ze _____ veel voor haar stad.

2.18 To continue

To continue requires another infinitive or verb in Dutch.

• Blijven (+ infinitive) • Voort (+ verb) • Door (+ verb) • Verder (+ verb)	To continue

How do you say 'to continue' without another verb? This isn't possible, do not use:

- We blijven (we stay, we remain)

You have to think of some verb to use. What is it the subject continues doing? If it's breathing:

- We blijven ademen. (We continue breathing)
- We ademen door / verder / voort. (We continue breathing)

Examples:

Ze blijven schrijven.	They keep on writing.
Ze schrijven door.	They keep on writing.
Ze schrijven verder.	They continue writing.
Ze schrijven voort.	They continue writing.

There are many exceptions and nuances. For example:

- Het gaat door. (it happens, it takes place) but also (It continues)
- Ze wandelen verder. (they continue walking) but also (they walk further)

Exercises:

Write the sentences with 'continue to' (4 ways)

1. Jan en Joris denken aan een nieuw project.
2. Je mag drinken.
3. We hebben gegeten.
4. Morgen gaan we reizen.

2.19 Reflexive verbs

Some Dutch verbs are reflexive, meaning they will take a reflexive pronoun when you're using them. This can be translated as 'myself, yourself...'

Ik was me	I wash myself
Jij wast je	You wash yourself
Hij/zij wast zich	He/she washes himself / herself
Wij wassen ons	We wash ourselves
Jullie wassen je	You wash yourselves
Zij/ze wassen zich	They wash themselves

Some Dutch verbs like 'zich haasten' take a reflexive pronoun even if there isn't one in English. Others like 'zich wassen', to wash oneself, take a reflexive pronoun too in English.

Examples:

| Hij haast **zich** elke dag. | He hurries every day. |
| We moeten **ons** aanpassen. | We have to adapt ourselves. |

2.20 Separable verbs

Separable are verbs that sometimes split up. They may be confusing, compare:

- Ik vind het product **uit**. (I **invent** the product)
- Ik vind het product. (I **find** the product)

The main verb (vinden) uses another part (uit) which gives it a new meaning.

This other part can be prepositions or others, usually short words: aan, af, in, op, neer, weg, uit, om...

The separable verb splits up in:

- The present tense
- The imperfectum
- The past participle, the 'ge' will be just in between the two parts of the separable verb

The separable verb doesn't split up:

- In sub-clauses
- As an infinitive

Examples:

Ik **sta op**.	I get up.
Ik ben aan het **opstaan**.	I'm getting up.
Ik stond op.	I got up.
Ik ben **op**ge**staan**.	I've gotten up.
Ik moet **opstaan**.	I have to get up.
Ik denk dat hij **opstaat**.	I think he's getting up.

2.21 I don't remember

I don't remember can be said two ways. They both mean the same in Dutch.

Ik weet het niet meer. Ik herinner het me niet.	I don't remember.
Ik weet het nog. Ik herinner het me.	I remember.

Het - or another object - is needed in Dutch with weten and herinneren, not in English.

- Ik weet **het**. (I know)
- Ik herinner me **haar naam** niet meer. (I don't remember her name)

The object can also be a sub-clause, don't write a het there:
Ik weet niet meer **waar je bent**. (I don't remember where you are)

2.22 Passive

The passive is, just like in English, used when the subject isn't the one that performs the action:

- I gave the present. (I did the action)
- The present was given. (The present didn't do the action)

Ik geef het cadeau. Het cadeau **wordt** gegeven.	I give the present. The present **is** given.
Ik gaf het cadeau. Het cadeau **werd** gegeven.	I gave the present. The present **was** given.
Ik heb het cadeau gegeven. Het cadeau **is** gegeven.	I've given the present. The present **has been** given.
Ik zal het cadeau geven. Het cadeau **zal worden** gegeven.	I will give the present. The present **will be** given.

Do not confuse the present and the past in the passive, note the past participle (gegeven) is used for the present tense:

- Het cadeau **wordt** gegeven (at this moment, someone is giving the present)
- Het cadeau **is** gegeven (the action is done, the recipient has received the present)

It is not recommended to use the passive voice in Dutch. Only to stress the object - and not the person who did the action - we use the passive.

When adding the person who performs the action, use 'door' and not 'bij':

- Dat wordt **door** mij gedaan. (It's done by me)

A special case is 'er wordt/worden.' This describes an action that is done by people in general:

- Er wordt hier niet gerookt. (People don't smoke here)
- Er worden veel boeken gepubliceerd. (Many books are published)

Exercises:

Make the sentences passive, don't use 'door de mensen':

1. De mensen doen dat hier niet.
   _____
2. Hij leest het boek.
   _____
3. De mensen zullen de envelop wel sturen.
   _____
4. Hij heeft de brief gelezen.
   _____
5. De kinderen wassen hun auto.
   _____
6. Jullie deden de oefeningen.
   _____

7. Ik heb de facturen betaald.

8. Ze zet de tv uit.

9. De mensen zullen die problemen oplossen.

10. Aten de mensen alle koekjes?

11. De mensen waarschuwen je.

12. De tegenpartij heeft hard onderhandeld.

13. Regelden de mensen dit?

14. Ze heeft het hotel geboekt.

2.23 To know: kennen or weten?

Kennen and weten both mean to know, but can only sometimes both be used.

Kennen	Know, to be familiar with, to be acquainted with
Weten	Know, factual knowledge

Weten is about facts and information, but when you 'weet' a lot about someone or something, you're familiar with it, so you'll use kennen. Compare:

- Ik **weet** wie hij is. (I know who he is, but I don't know much about him)
- Ik **ken** hem. (We're acquainted, we spoke, he knows my name)

Weten is often used with a sub-clause, but not always. Kennen does not use sub-clauses:

- Ze **weet** dat ik hier ben. (She knows I'm here)
- **Weet** je dat? (Do you know that?)

Examples:

Ken je jouw buren?	Do you know your neighbours?
Ze **weten** het niet.	They don't know.
Ik **ken** dat merk niet.	I don't know that brand.
Ze **weten** wanneer ze kunnen eten.	They know when they can eat.
Ze **weet** veel.	She knows a lot.

Knowing people, cities, brands or things requiring studying use kennen:

- Ik **ken** mijn dorp. (I know my village)
- **Ken** je die winkel? (Do you know that shop?)
- We **kennen** de procedures. (We know the procedures)
- Ik **ken** de leerstof. (I know the study materials)
- **Ken** je die man? (Do you know that man?)

Sometimes, both can be used, because the difference between factual knowledge and familiarity is so small it doesn't matter:

- Ik **weet** de weg. (I know the way)
- Ik **ken** de weg. (I know the way)

Exercises

Fill in: kennen/weten

1. Ze _____ niet veel over onze stad.
2. We _____ dat niet.
3. _____ je waar hij is?
4. Ik _____ Nederland goed.
5. _____ je Russisch?
6. Die _____ weinig over computers.
7. We _____ die winkel, hoor.
8. Ze _____ wie Jan is.
9. Ze _____ hun buren niet.
10. Wie _____ wanneer de trein komt?
11. Ik _____ die auto.
12. Hij _____ dat boek.
13. We _____ die stad niet.
14. _____ je ons nieuwe gebouw?
15. Dat _____ ik niet meer.
16. _____ hij Rosa?

3. Word order and conjunctions

3.1 Normal sentence structure

Normal sentences are very similar to English. The structure is: subject - verb - rest.

- Ze drinken water. (They drink water)

Verbs that aren't conjugated, for example infinitives and past participles, go at the end of the sentence, unlike in English.

- Ze moeten water **drinken**. (They have to drink water)
- Ze hebben water **gedronken**. (They've drunk water)

Adverbs are usually written in the order time - manner - place, even though there are exceptions:

- Ik ga **morgen snel naar Brussel**. (Tomorrow, I'll quickly go to Brussels)

3.2 Inversion

If the subject isn't first in the sentence, it will usually be put behind the verb. This is called inversion:

- **Hier** ben ik. (Here I am)
- **Dan** ga ik naar huis. (Then I'm going home)
- **In België** woon ik niet. (I don't live in Belgium)
- **Misschien** doen we dat. (Maybe we do that)

This happens often with adverbs of place and time, but also with other words like eigenlijk (actually), daarom (that is why), soms (sometimes) and many others.

They can't be put in between subject and verb like in English, and no comma is needed:

- **Soms** gaat hij naar de winkel. (**Sometimes**, he goes to the shop)
- Hij gaat **soms** naar de winkel. (He **sometimes** goes to the shop)

There is no inversion with en, maar, want and of.

- En ik ben hier. (And I'm here)
- Maar ik ga dan naar huis. (But I'm going home then)
- Want ik woon niet in België. (Because I don't live in Belgium)
- Of we doen dat misschien. (Or we maybe do that)

Inversion is also used for questions:

- <u>Ben je</u> hier? (Are you here?)
- Wat <u>ga je</u> doen? (What are you going to do?)
- <u>Gebruiken ze</u> het? (Do they use it?)

Exercises:

Write the sentences with inversion where possible.

1. Ik / auto / de / soms / rijd / met /.
2. Weet / hij / niet / maar / het /.
3. Dat / wil / waarom / je / niet /?
4. Interessant / eigenlijk / dat / is /.
5. Veel / in / rijden / Amsterdam / mensen /.
6. Ga / ik / nu /.
7. Zijn / ze / en / goed /.
8. Je / vraag / wat / mij /?
9. We / zwemmen / niet / misschien / goed /.
10. Ze / niet / doen / het /?

3.3 The catapult or bijzin: verbs at the end

Most conjunctions put the verb(s) at the end of the sub-clause. Some call it 'the catapult', others 'bijzin', which means sub-clause in Dutch.

omdat	because
als, wanneer	when, if
terwijl	while

Want and omdat both mean because, but want doesn't put the verb at the end.

- Ze eet **omdat** ze honger <u>heeft</u>. (She eats because she's hungry)
- Ze eet **want** ze <u>heeft</u> honger. (She eats because she's hungry)

Examples:

Ik dans **omdat** ik dat <u>wil</u>.	I dance because I want to.
Kom je **als** ik jou straks <u>roep</u>?	Do you come when I call you later?
Ik speel **terwijl** hij naar tv <u>kijkt</u>.	I play while he's watching tv.

If the sentence starts with a sub-clause, inversion is used in the next sentence:

- **Als** ik niet slaap, ga ik morgen niet wakker zijn. (If I don't sleep, I won't be awake tomorrow)

Dat and die can also start a sub-clause and put the verb at the end:

- Ik denk **dat** jij goed zwemt. (I think you swim well)
- Ze zegt **dat** het goed is. (She says it's good)
- Zie je de man **die** ik gisteren heb gezien? (Do you see the man I saw yesterday?)

3.4 Als, zoals, of

Als both means when and if. If you can translate 'if' as whether, use of. If you can translate it as 'like', use zoals. Sometimes, there is overlap though.

als	if, when, as
of	whether, or
zoals	like

Examples:

Als je het niet doet, doe ik het.	If you don't do it, I'll do it.
Dat zeg ik **als** ik klaar ben.	I'll say it when I'm ready.
Als leraar is het belangrijk goed te luisteren.	As a teacher it's important to listen well.
Ik weet niet **of** hij komt.	I don't know whether he's coming.
Zoals je kan zien, zijn we klaar.	Like you can see, we're ready.
Drink je koffie **of** thee?	Are you drinking coffee or tea?

There's a slight difference between:

- Ze werkt **als** manager. (She is a manager)
- Ze werkt **zoals** een manager. (She works the same ways a manager works)

Als is also used with the comparative (see chapter 4.2), when there is no difference between what you're comparing:

- Jan is even groot **als** Pieter. (Jan is as big as Pieter)

Of isn't used for the possessive, use van:

- De stoelen **van** Jan zijn daar. (The chairs of Jan are there)

Of and als can sometimes both be used.

- We gaan zien of je klaar bent. (We'll see whether you're ready or not)
- We gaan zien als je klaar bent. (We'll see when you're ready)

Exercises:

Fill in: of, zoals or als:

1. Ik wil eten _____ ik honger heb.
2. Ze weten niet _____ ze het willen.
3. _____ het goed is, doen we het morgen.
4. Doe het _____ Sara.
5. Ik wil die _____ die telefoon hebben.

3.5 After: na, nadat, daarna

After can be translated in different ways, but each way has its own specific rules.

Na	After + noun
Daarna	Afterwards, then, after
Nadat	After + sub-clause

They can't be used interchangeably due to the word order. Daarna uses inversion, na at the start of the sentence too:

- Daarna <u>blijven we</u> thuis. (Afterwards we're staying home)
- Na het werk <u>ga ik</u> naar het restaurant. (After work, I'm going to the restaurant)

Nadat is a conjunction so it puts the verb at the end, and you need a verb because it's a conjunction. If you start a sentence with nadat, don't forget the inversion:

- Ik drink water nadat ik vlees <u>eet</u>. (I drink water after eating meat)
- Nadat ik vlees <u>eet</u>, <u>drink ik</u> water. (After eating meat, I drink water)

Examples:

Ze gaan naar huis **na** de les.	They're going home after class.
Ik poets mijn tanden **nadat** ik eet.	I'm brushing my teeth after eating.
Eerst gaan we naar Nederland, **daarna** gaan we naar Duitsland.	First we go to the Netherlands, then to Germany.

Na can also be used with personal pronouns:

- Kom je voor hem of na hem? (Do you come before him or after him?

Exercises:

Fill in: na, nadat or daarna?

1. Ze komen ... hun presentatie.
2. ... zullen we misschien iets eten.
3. Misschien ... we thuis komen.
4. ... de wedstrijden komen de spelers naar de fans.
5. Dat zal voor ... de vakantie zijn.
6. Ze komen ... ik ze roep.
7. Eerst het werk, ... komt het plezier.
8. Kunnen we dat doen ... onze buur weg is?
9. We zullen het ... doen.
10. ... het ontbijt gaan we naar school.
11. ... kijken ze naar tv.
12. Dat doen we enkel ... jullie hier komen.
13. ... twintig minuten ben ik moe.
14. We komen ... jullie gedaan hebben.
15. Misschien komen we ... thuis.

3.6 Before: voor, vroeger, vorig

Before, just like after, can be expressed different ways. Each way has its own rules.

voor	before (+ noun), for
vroeger	before (no noun), earlier, in the past
vroeg	early
vorig	previous, last
geleden	ago
verleden, het verleden	past (+ noun), the past
laatste	last (opposite of first)

An alternative way to distinguish them is to compare them with their opposite:

- Voor <> na, tegen (after, against)
- Vroeger <> later (later), in de toekomst (in the future)
- In het verleden <> in de toekomst (in the future)
- Vroeg <> laat (late)
- Vorige, verleden <> volgende (next)
- Geleden <> binnen, in (in)
- Laatste <> eerste (first)

Examples:

Voor de les studeer ik.	Before class, I'm studying. I'm studying for the class.
Kan je **vroeger** komen?	Can you come earlier?
Vroeger hadden de mensen geen telefoon. **In het verleden** hadden de mensen geen telefoon.	Before, people didn't have a phone.
Om 6 uur opstaan, dat is te **vroeg**.	Getting up at 6, is too early.
Vorige week was ik in Utrecht. **Verleden** week was ik in Utrecht.	Last week I was in Utrecht.
2 weken **geleden** waren ze in het buitenland.	2 weeks ago, they were abroad.
Kom je **de laatste** week van november?	Are you coming in the last week of November?

Exercises:

Fill in: voor, vroeger, vroeg, verleden, vorig(e), geleden, laatste

1. Ik denk dat ze _____ de pauze komen.
2. Ben je de _____ in de klas?
3. _____ kwamen ze altijd te laat.
4. Dat hebben we een paar weken _____ gezien.
5. Hij gaat elke dag _____ naar het werk.
6. Misschien was dat _____ maand interessant.
7. 3 dagen _____ wist ik dat niet.
8. We zullen één bus _____ nemen.
9. Nu doen we dat niet meer, maar in het _____ wel.
10. Vandaag is de _____ dag op school.
11. Dat was _____ week op tv!
12. Moest je dat _____ dat project doen?
13. Wie eet het _____ koekje?
14. Dat zullen we _____ 5 uur doen.
15. _____ weekend hebben we een wandeling gedaan.

4. Adjectives and others

4.1 Adjectives plus -e

Adjectives add -e when in front of a noun, except when:

1. The noun has 'het' as an article <u>and</u>
2. There is a 'een' or 'geen' in front

Examples:

Die computer is goe**d**.	That computer is good.
Dat is een goed**e** computer.	That's a good computer.
Dat is die goed**e** computer.	That's that good computer.
Dat boek is goe**d**.	That book is good.
Dat is een goe**d** boek.	That's a good book.
Dat is het goed**e** boek.	That's the good book.

If the adjective ends with oo, aa, ee, uu plus one consonant, one vowel is dropped:

- Die brug is groot. (That bridge is big)
- De gr**o**te brug. (The big bridge)

If the adjective ends with a single vowel o, a, e, i, u plus one consonant, the consonant is doubled:

- De jas is wit. (That jacket is white)
- Ee wit**t**e jas. (The white jacket)

Adjectives ending with -f change into -ve when adding the e. Those ending with -s change into -ze.

- Lie**f** becomes lie**v**e (sweet)
- Boo**s** becomes bo**z**e (angry)

4.2 The comparative

The comparative is used in Dutch just like in English: to compare. If you're using an adjective, add -er to the adjective. Without adjective, use meer.

Klein, kleiner	Small, smaller
Snel, sneller	Quick, quicker
Groot, groter	Big, bigger
Duur, duurder	Expensive, more expensive (-d because the adjective ends with -r)
Duurder dan	More expensive than
Even groot als	As big as
Even veel als	As much as
Meer, minder (dan)	More, less (than)

When there is a difference between what you're comparing, use dan. If there is no difference, use als.
- Ik ben kleiner **dan** jou. (I'm smaller than you)
- Ik ben even klein **als** jou. (I'm as small as you)

Do not add 'meer' to an adjective, even though it's done so in English:

- **Belangrijk** (important) becomes **belangrijker** (more important)
- **Interessant** (interesting) becomes **interessanter** (more interesting)

Examples:

Hij is **groter dan** haar.	He's bigger than her.
Zwem je **even goed als** ik?	Do you swim as well as I swim?
We zien **minder dan** de rest.	We see less than the rest.
Dat product is **duurder**.	That product is more expensive.
Ik wil **even veel als** hem!	I want as much as him!

Why does groot become groter, with one o? For pronunciation reasons. A long vowel (oo, aa, uu, ee) becomes a single one if you add -er and there is only one consonant behind those two vowels:

- **Schoon** becomes **schoner** (more clean)
- **Geel** becomes **geler** (more yellow)

Why is there an extra l in sneller? For pronunciation reasons. A short vowel (a, e, i, o, u) adds an extra consonant if you add -er if there is only one consonant:

- **Wit** becomes **witter** (more white)
- **Gul** becomes **guller** (more charitable)

Goed becomes **beter**, **weinig** becomes **minder**.

Exercises:

Give the comparative, + is more, = equal, and - less
Example: Gent is klein. Brussel (+): Gent is kleiner dan Brussel.

1. Dat project is belangrijk. Jouw project (+)
2. Die twee auto's zijn mooi. Die auto (=)
3. Hij werkt hard. Ik (-)
4. Ik vind die stad goed. Onze stad (+)
5. Ze zwemt. Hij (+)
6. We rijden snel. Jan. (-)
7. We drinken weinig. Vroeger (-)
8. Ze eten. Hen (=)
9. Is die nu groot? Ik (+)
10. We hebben veel te doen. Sarah (+)

4.3 The superlative

The superlative is used just like in English. Add -st(e) at the end of the adjective.

Klein, kleinste	Small, smallest
Snel, snelste	Quick, quickest
Groot, grootste	Big, biggest
Duur, duurste	Expensive, most expensive
Het meest(e), het minst(e)	The most, the least

When your superlative stands with a verb, it doesn't matter if it's with or without -e:

- We rijden het snelst. (we drive the fastest)
- We rijden het snelst**e**. (we drive the fastest)

If it's with a noun, add -e, even is the noun isn't mentioned, like in the example:

- Is dit de kleinst**e** man? (Is this the smallest man?)
- Is dit het kleinst**e** boek? (Is this the smallest book?)
- Heb je de kleinst**e**? (Do you have the smallest one?)

Examples:

Dat is het **kleinste**.	That's the smallest.
Ze zwemmen **het meest**.	They swim the most.
Heb je de **belangrijkste** documenten?	Do you have the most important documents?
We zien **het minst**.	We see the least.

One could also use minst for the superlative, even though the second option is the most logical one:

- Hij is de **minst** grote. (He's the least big)
- Hij is de kleinste. (He's the smallest)

Meest can be used in combination with adjectives, but only to stress the longer adjectives or for pronunciation reasons ('verbaasdste' is hard to pronounce):

- Ze zijn **het meest** belangrijk. (they are the most important)
- Ze zijn **de belangrijkste**. (they are the most important)
- Ik was **het meest** verbaasd. (I was the most surprised)

4.4 Soms, sommige or som: some

Some has different meanings in English, but these meanings use different words in Dutch.

Sommige, bepaalde	Some (as in: certain)
Wat, enkele, een paar	Some (as in: a few, a couple of)
Een beetje	Some, a bit of (with uncountable nouns like water)
Soms, af en toe	Sometimes
Som	Sum

Most common mistake is to use 'som' to say 'some.' Also, when using sommige, you're implying others. Een paar just refers to the quantity, like 'not many':

- **Sommige** dagen zijn lang. (Some/certain days are long, but others aren't)
- **Een paar** dagen zijn lang. (A couple of/some days are long)

Additionally:

- Somewhere (ergens)
- Someone (iemand)
- Something (iets)

Examples:

Sommige mensen vinden dat niet goed.	Some people don't think that's good.
Heb je **een paar** boeken voor mij?	Do you have some books for me?
Soms weet ik het antwoord niet.	Sometimes, I don't know the answer.
De **som** van 1 plus 1 is twee.	The sum of one plus one is two.
Een beetje fruitsap, alstublieft.	Some juice, please.

Exercises:

Fill in: soms/sommige/som

1. Ik ga _____ naar de winkel.
2. _____ patiënten gaan beter.
3. _____ doe ik de afwas. (doing the dishes)
4. Ik lees _____ boeken.
5. Op _____ dagen werk ik niet.
6. De _____ van 1 plus 1 is twee.
7. _____ doen het, andere niet.
8. We hebben _____ rapporten niet gelezen.
9. Dat doe ik _____, ja.
10. We gaan _____ naar de supermarkt.
11. We kijken naar _____ supermarkten.
12. Ik heb met _____ studenten gesproken.
13. _____ is dat goed, _____ niet.
14. _____ werk ik aan de computer.
15. In _____ scholen hebben de kinderen veel speeltijd.
16. _____ wil ik naar Azië gaan.
17. Ik doe _____ oefeningen.
18. Hij heeft het _____ gedaan.
19. Je moet die _____ nu maken!
20. Dat is een grote _____!

4.5 Druk, bezig: busy

Busy can be expressed several ways, depending on the notion going with 'busy.' But they cannot be used interchangeably.

Druk	With a lot of activity, busy
Bezig	Currently doing something, ongoing, busy
Bezet	Occupied, taken, busy

Druk with people usually refers to a person's character or to the long term. Bezig usually refers to the short term, like being involved in an activity:

- Sara is een **drukke** persoon. (Sara is always busy, she is like that)
- Sara is **bezig**. (Sara is busy right now)

'Very busy' has a particular form with bezig: it's **druk bezig** or **erg bezig**. Druk uses, just like other adjectives, heel, zeer or erg.

- Ik woon in een **zeer/erg/heel drukke** straat. (I live in a very busy street)
- We zijn **druk/erg bezig**. (We're very busy)

Examples:

Dat is een **drukke** stad.	That's a busy city.
Jean is een **drukke** man.	Jean is a busy person.
Jean is **bezig**.	Jean is busy now.
Is de wedstrijd **bezig**?	Is the game ongoing?
Deze stoelen zijn **bezet**.	These chairs are taken.

Note 'bezig zijn met' is one way to express the present continuous in Dutch ('doing'), but can't use another verb:

- We zijn met jouw vragen bezig. (We're doing your questions)

Exercises:

Fill in: druk, bezig or bezet?

1. Waarom gaan we naar dat ... plein?
2. Het toilet is nu ....
3. Kan je me helpen? Nee, ik ben ....
4. Die vrouw is altijd ... bezig.
5. Vandaag zal ik het ... hebben: ik heb zoveel vergaderingen!
6. Ben je er al lang mee ...?
7. We moeten veel verkopen: er is veel ....
8. Is dat project gedaan of is het nog ...?
9. Mijn baas is een ... mens.
10. Nee, die paskamer is niet meer ....
11. Ben je al lang ... met deze persoon?
12. Ik hou niet van ... pleinen.
13. Hoe lang ga je nog ... zijn?
14. In de bioscoop zijn de stoelen snel ....
15. Dat doen we terwijl de presentatie ... is.

4.6 Very: heel, veel, zeer

Heel and veel are synonyms to say very. Veel sounds alike, but can't be used instead.

heel	very, whole
zeer	very
veel	many, much, a lot

Examples:

Deze boeken zijn **heel/ zeer** interessant.	These books are very interesting.
Ik lees de **hele** dag.	I read the whole day.
We zoeken **veel**.	We search a lot.
Dat is niet **veel**.	That isn't much.

Heel veel or zeer veel is used for very much or plenty of.

- We zien **heel veel** vliegtuigen. (We see plenty of planes)

Exercises:

Vul in: heel of veel

1. We zien _____.
2. Heb je _____ problemen?
3. Dat is _____ goed.
4. We hebben hier _____ stoelen.
5. Waw, dat is een _____ mooie stad.
6. Morgen gaan we _____ winkelen.
7. Er zijn _____ steden in de buurt.
8. Lees je _____ snel?
9. Maar we zijn _____ moe.
10. _____ mensen denken dat.
11. Ze rijdt _____ in Duitsland.
12. Ik kan dat _____ goed begrijpen.

4.7 All: alle, allen, alles & anderen

Translating all is challenging, as there are many options with each their own specific meaning.

Alles	**Everything,** all (as a noun in itself, only non-living things)
<u>Alles</u> hier is van mij. <u>Alles</u> goed?	All here is mine. Everything good?
Iedereen	**Everyone,** all (as a noun itself for living beings)
<u>Iedereen</u> komt. Heb je met <u>iedereen</u> gesproken?	All come. Did you talk with everyone?
Alle	**All in front of noun,** adjectives can be in between alle and the noun, needs a noun
We hebben <u>alle</u> dieren gezien. Ken je <u>alle</u> deelnemers? We zien <u>alle</u> groene auto's.	We've seen all the animals. Do you know all the participants? We see all the green cars.
Al	Already, **all in front of a noun** with an article or pronoun, needs a noun

Dit is <u>al</u> goed. Heb je <u>al</u> de documenten? Dit zijn <u>al</u> zijn boeken.	This is already good. Do you have all the documents? / Do you already have the documents? These are all his books.
Alleen	**Alone, only**
Zijn jullie <u>alleen</u>? Ik wil <u>alleen</u> dit doen.	Are you alone? I only want to do this.

Alles and iedereen are in the singular.

- Alles werk**t**. (Everything works)
- Iedereen werk**t**. (Everyone works.

Exercises:

Fill in: al, alle, iedereen, alles or alleen.

1. Wil je ... de video's zien? (Do you want to see all the videos?)
2. Ze kunnen ... herstellen. (They can repair everything)
3. ... is voor jou! (Everything is for you)
4. Zijn ze ... thuis? (Are they home alone?)
5. Ze vergeten ... hun boeken. (They forget all their books)
6. Je moet ... dagen studeren. (You have to study every day)
7. ... is gekomen. (everyone came)
8. Is ... van jou? (Is everything yours?)

9. ... oefeningen zijn in dat boek. (All the exercises are in that book)
10. Vergeet niet ...! (Don't forget everything!)
11. Kom je ...? (Do you come alone?)
12. Ze kan ... de oefeningen maken. (She can make all the exercises)
13. Ken je ... buren uit jouw straat? (do you know all the neighbours from your street?)
14. Dat is .... (that's all)
15. ... mijn bloemen zijn weg. (All my flowers are gone)
16. Dat is ... goed. (That's already good)
17. Ik neem ... mijn papieren. (I take all my papers)
18. Ze zijn ... documenten vergeten. (They forgot all the documents)
19. Waar is ...? (Where is everyone?)
20. Kijk naar ... video's. (Watch all videos)
21. Doe ... oefeningen snel. (Do all the exercises quickly)
22. Ik wil ... dat doen. (I only want to do that)
23. Heb je ... de films? (Do you have all the films?)

4.8 Most, mostly: meeste, meestal, vooral

Most can't always be translated with one word.

De meeste (+ noun)	Most
Het meest(e) (+ adjective/verb)	Most (superlative)
De meeste(n)	Most of them
De meerderheid (van)	The majority (of)
Meestal	Most of the time, mostly
Vooral, voornamelijk	Mainly, especially, mostly

Do not forget to use the article with meest(e)(n).

- **De** meeste collega's spreken Nederlands. (Most colleagues speak Dutch)

Examples:

De meeste bars zijn gesloten.	Most bars are closed.
Dat vind ik **het meest** interessante.	That's what I find most interesting.
Ik werk **het meeste**.	I work the most.

De meerderheid van de ouders stemt tegen.	The majority of the parents votes against.
Dat doen we **meestal** op zondag.	We mostly do it on Sunday (most of the time)
Ik wil **vooral** niet dat je het vergeet.	I especially don't want you to forget.

Mostly can be either vooral or meestal. Think whether it means most of the time or mainly/especially. Sometimes you can use both, even though it always has a different meaning in Dutch:

- Hij werkt **meestal** op maandag. (Most of the time he works on Monday, he works on most Mondays)
- Hij werkt **vooral** op maandag. (He especially works on Monday and on other days he usually works less)

Special is speciaal, especially is vooral.

- Dat project is **speciaal**. (That project is special)
- Ik denk **vooral** aan die deadline. (I especially think about that deadline)

Exercises:

What's best? Meestal, vooral, meest(e), meesten or meerderheid?

1. _____ is het goed.
2. Goed, we hebben de _____ in de vergadering.
3. De _____ zijn er nog niet.
4. Heb je de _____ foto's gezien?
5. De _____ oplossingen zijn in het boek.
6. Hij eet het _____.
7. _____ spreekt hij.
8. _____ in de winter drinken we soep.
9. Ik wil _____ het IT-team bedanken.
10. Heb je al een _____ voor dat voorstel?
11. De _____ dagen kijken we naar series.
12. De _____ van de mensen hier wil naar die film kijken.
13. We gaan _____ in het weekend, maar soms ook op maandag.
14. We hebben de _____ muzikanten gezien.
15. Ze fietsen het _____ in de winter.

4.9 Other: anders, andere, anderen

Andere and anders are often confused, but cannot be used interchangeably. Andere means other, anders means in a different way.

Ander, andere	Other (as an adjective)
Anderen	Other people
Anders	Differently, why don't...

Another can have two meanings in English, but has different translations in Dutch:

- Ik wil **een andere** auto. (I want another car, I want a different car)
- Ik wil **nog een** auto. (I want another car, I want an extra car on top)

Examples:

Heb je een **ander** boek?	Do you have another book?
Dat zijn **andere** vragen.	These are other questions.
De **anderen** willen het niet.	The other ones don't want it.
Hij doet dat **anders**.	He does it in a different way.

| **Anders** kunnen we naar Nederland gaan? | Why don't we go to the Netherlands? |

Anders can also be used attached to iets and niets. Because it is with iets and niets, it will add the -s just like other adjectives. So it does not mean 'in a different way' here:

- Dat is iets moois. (That's something beautiful)
- Wil je iets anders? (Do you want something else?)
- Ze eten niets anders. (they eat nothing else)
- We spreken met iemand anders. (We talk to someone else)
- Ik ben ergens anders. (I'm somewhere else)

Exercises:

Fill in: ander, andere, anders of anderen:

1. Kan je dat aan de _____ collega's vragen?
2. _____ doen we het morgen.
3. Nee, nee, ik bedoelde iets _____.
4. Ik zou graag een _____ project willen doen.
5. De _____ gaan ook komen.
6. Ik zie _____ mensen.
7. Waarom heeft hij _____ ideeën?
8. Mja, hij is gewoon _____.
9. We zullen het een _____ keer doen.
10. Dat zal voor een _____ dag zijn.
11. Zoek maar iemand _____ voor dat probleem.
12. Ik lees _____ boeken.
13. We kunnen het _____ naar de bibliotheek brengen.
14. Ze zegt dat we geen _____ keuze hebben.
15. Ik zie dat _____.
16. We schrijven op een _____ manier.
17. Ik bezoek een _____ kerk.
18. De _____ willen dat niet.
19. We gaan via een _____ weg.
20. Een _____ boek zou interessanter zijn.

5. Nouns

5.1 The article: de or het?

Dutch has two articles to express 'the': de and het. There are some rules, but the majority of the nouns takes de, so it's best to study those taking het.

Male and female nouns take de as an article, het is used for neuter nouns. However, this doesn't mean that all non-living things take het as an article, e.g. de tafel (the table).

Some of the rules:

Taking het:
- All diminutives (small versions of nouns, see chapter 5.4): **het** boekje, **het** plantje (the little book, the little plant)
- Most words ending with -isme, -ment, -sel, -um: **het** museum, **het** nationalisme (the museum, the nationalism)
- Verbs turned into nouns: **het** drinken van water is goed (the drinking of water is good)

Taking de:
- All plurals: **de** boeken, **de** projecten (the books, the projects)
- Most functions or nouns being either male or female: **de** man, **de** president (the man, the president)

Note that het also means it, and is sometimes required with some verbs:
- Ik begrijp **het**. (I understand / I understand it)
- Ik ziet **het**. (I see / I see it)

In plus a language also requires het:
- Ik spreek in **het** Frans. (I speak in French)

5.2 Plural of nouns
Most nouns take either **-en** or **-s** as the plural:

- 1 boek, 2 boeken. (books)
- 1 oma, 2 oma's. (grandmothers)

Words ending with -el, -em, -en, -er and -je will usually take -s.

- 1 wortel, 2 wortels (carrots)

Words ending with a, i, o, u and y will take 's.

- 1 paraplu, 2 paraplu's (umbrellas)

There are many exceptions, some of them are:

- 1 kind, 2 kinderen. (children)
- 1 podium, 2 podiums/podia. (podiums)

Nouns ending with a single vowel pronounced short and one consonant, will double the consonant.

- Kat, katten (cats)
- Put, putten (wells)
- Pet, petten (hats)

Nouns ending with two vowels and one consonant, will double the consonant.

- Meer, meren (lakes)
- Muur, muren (walls)

5.3 Time: keer or tijd?

Keer and tijd both mean time, but cannot be used interchangeably.

Keer	Time (as in: once, twice, three times)
Tijd	Time (as the concept of time)
Moment, ogenblik	Moment, time as a precise moment in time
Periode, termijn	Period, time as a period of time

Keer is mostly used in the singular.

- Ik zeg het tien **keer**. (I say it ten times)

Tijdje is sometimes used as 'a while':

- Dat duurt **een tijdje**. (It lasts a while)

Once has two meanings, the first one being once upon a time or at some point, which is translated as **ooit**. The second is one time, as in not twice, is **één keer** in Dutch.

- Ooit was ik in Parijs. (Once, I was in Paris)
- Ik schrijf ooit een boek. (At some point in time, I'll write a book)
- Kan je dat één keer doen? (Can you do it once?)

Examples:

Hoeveel keer wil je gaan?	How many times do you want to go?
Het is tijd om iets te schrijven.	It's time to write something.
We gaan op dat moment niet eten.	At that time, we won't eat.
Dat is een lange periode!	That's a long time/period!

Exercises:

Fill in: keer / tijd / moment / termijn / ooit

1. Heb je _____ voor mij?
2. Twee dagen? Die _____ is zeer kort!
3. Kopieer het blad twee _____.
4. Op dit _____ zoeken we niemand.
5. Dat zal ik _____ doen, ja.
6. En op dat _____ zullen we je bellen.
7. Ik probeer het één _____.
8. Doe het drie _____, en dan is het ok.
9. _____ om te eten!
10. Jij hebt echt te veel _____.
11. Dat zal je _____ leren.
12. Vijf _____ is genoeg.

5.4 The diminutive

The diminutive is something used to make nouns small or little. You could use 'kleine' as well, but it's shorter to use the diminutive:

- Een kleine auto = een autootje (a small car)

Examples:

Een boekje	A little book
Een e-mailtje	A little email
Een omaatje	A little grandma

It's often used with children and with names of your sweetheart:

- Dag schatje! (Hello little treasure)
- Is dat jouw jasje? (Is that your little coat? to children)

The diminutive makes de-words become het-words, plural adds -s:

- De auto / het autootje / de autootjes (car)

Generally, to form the diminutive, add -je or -tje. If the last sound is p, t, k, d, s or f, most nouns add -je:

- De hoek / hoekje (corner)
- De kus / kusje (kiss)

If the word ends with -o, -a or -u, double the vowel and add -tje:

- De oma / het omaatje (grandma)
- De paraplu / het parapluutje (umbrella)

Many words ending with -m will add -pje:

- De film / filmpje (film)
- Het probleem / probleempje (problem)

Many words ending with m, n, ng or l will double that consonant and add -etje.

- De tong / tongetje (tongue)
- Het spel / spelletje (game)

Many words with -ing will become -inkje:

- De woning / woninkje (residence)

5.5 Half or helft

Half is the adjective, helft is the noun so they can't be used interchangeably.

| Half | Half (as an adjective) |
| De helft | Half (as a noun) |

Examples:

| Ik wil een halve appel. | I want half an apple. |
| Die helft van de appel is voor jou. | That half of the apple is for you. |

Exercises:

Fill in: half/halve or helft:

1. Ik werk _____ dagen nu.
2. Geef me de _____.
3. Een _____ maan is mooi.
4. De _____ van de mensen denkt er anders over.
5. Ga je die _____ vandaag doen?
6. We hebben een _____ uur niets gedaan.
7. Ik zit aan de _____.
8. Ik heb maar een _____ boek, ik zoek de andere _____.

6. Other grammar

6.1 Er

Er is used in 4 cases:

- To replace a place
- With prepositions
- To answer the question 'how many'
- As 'there are'...

Ben je in Parijs? Ja, ik ben **er**.	Are you in Paris? Yes, I'm here.
Zie je de bus? We wachten **er**op.	Do you see the bus? We're waiting for it.
Hoeveel kinderen heb je? Ik heb **er** twee.	How many kids do you have? I have two.
Er zijn veel auto's in Vlaanderen.	There are many cars in Flanders.

Er replaces, except in the last example, something. In the first sentence 'in Parijs', in the second 'kinderen' and in the third 'de bus.'

In the last case, er is used as a subject but can be used with other verbs than zijn. It doesn't have an equivalent in English. Don't use an article in front of the noun coming after:

- **Er** wonen sommige Belgen in Nederland. (Some Belgians live in the Netherlands)
- **Er** rijden auto's op de straat. (Cars are driving on the street)

- Er wonen ~~de~~ Belgen in Nederland. (Belgians live in the Netherlands)
- Er is iemand in dat huis. (There's someone in that house)

Note that in the first two examples, you can replace the 'er' by 'hier' or 'daar', they're a bit more specific than er:

- Ben je in Parijs? Ja, ik ben **hier**. (Are you in Paris? Yes, I'm here.)
- Zie je de bus? We wachten **daar**op. (Do you see the bus? We're waiting for that)

Also, the er and the preposition split up if it's negative:

- Zie je de bus? We wachten **er** <u>niet</u> op. (Do you see the bus? We're not waiting for it)

Exercises:

Answer positively with 'er':

1. Hoeveel collega's heb je? (30)
2. Ben je al in China geweest?
3. Kijk je naar de tv?
4. Hoeveel auto's zie je? (0)
5. Ben je thuis?
6. Sta je voor het huis?

Write the sentences with 'er':

1. Veel mensen wandelen.
2. Sommige mensen dansen.
3. 4 mannen drinken thee.

Answer negatively with 'er':

1. Kijk je naar de tv?
2. Ben je thuis?
3. Sta je voor het huis?

6.2 Om te

Om te is used with goals, answering the question why.

Om te	In order to, to

The structure of om te is as follows:

- First sentence **om** rest **te** infinitive(s)
- We sturen een e-mail **om** hem **te** bedanken. (we send an email to thank him)

No conjugated verbs or subjects are used after om.

Examples:

Ik ga naar de school om Nederlands te leren.	I'm going to school to learn Dutch.
Om te drinken heb je een glas nodig.	In order to drink, you need a glass.

Exercises:

Combine:

1. We gaan naar het strand. We willen zwemmen.
2. Ik zoek een lamp. Ik wil in het donker lezen.
3. Ga je naar de buurman? Kan je een enveloppe vragen?
4. Ze koopt het boek. Ze wil Nederlands leren.
5. We boeken een hotel. We slapen in het hotel.
6. Ze rijden naar Amsterdam. Ze willen het museum bezoeken.
7. Ik ga naar het zwembad. Ik wil zwemmen.
8. Hij opent het woordenboek. Hij vindt het woord.
9. We bellen Jan. We vragen hem iets.
10. Je kan naar tv kijken. Je wil je ontspannen.

6.3 Te

Te is used for too, followed by an adjective. I also means in some cases for, followed by a verb.

Examples:

Dat is **te** moeilijk.	That's too difficult.
Dat boek is niet **te** lezen.	That book is not readable / not for reading.

Some verbs take 'te' if they're followed by an infinitive. Proberen (try), beginnen (begin), vergeten (forget), lijken (seem), denken (think), durven (dare), vragen (ask), zeggen (say), weten (know) and weigeren (refuse) are some examples.

- Hij probeert het **te** drinken. (He tries drinking it.)
- Ze weigert naar hier **te** komen. (She refuses to come here.)

Te voet (by foot) and te paard (by horse) also use te, but other means of transportation don't:

- Gaan we **te** voet of **met de** fiets? (Are we going by foot or by bicycle?)

Om te (see previous chapter) also uses te, just as the present continuous in some cases (see chapter 2.13).

6.4 Nog

Nog has a few functions in Dutch.

| Nog | Still, yet, another, even more |

The opposite of nog is niet/geen meer, note that the geen splits up:

- Hij is **niet meer** thuis. (he isn't home anymore)
- Ik heb **geen** auto **meer**. (I don't have a car anymore)

Examples:

Hij is nog thuis.	He's **still** at home.
Is dat nog niet klaar?	Isn't it done **yet**?
Nog één, alsjeblieft.	**Another** one, please. One **more**, please.
Wil je nog?	Do you want **(even) more**?

Noch means neither, is used twice in the sentence, but is pronounced just the same:

- Ik wil **noch** water, **noch** koffie. (I neither want coffee or tea)

Sometimes, nog doesn't mean much, depending on the context:

- Kan je dat **nog** doen? (Can you do that?)

Nog altijd is used to stress still, but altijd isn't translated as always:

- Ben je **nog altijd** op school? (You're still at school?)
- Heb je **nog altijd niet** gegeten? (You still didn't eat?)

Exercises:

Answer positively and negatively:

1. Heb je nog examens?
   Ja, _____
   Nee, _____
2. Wil je nog werken?
   Ja, _____
   Nee, _____
3. Kan je nog lezen?
   Ja, _____
   Nee, _____
4. Kijk je nog tv?
   Ja, _____
   Nee, _____

6.5 Only: enkel, alleen, maar, enige

Only is translated different ways, according to specific rules.

Enkel	Only
Enkele	Some
Alleen	Only, alone
Enige	Only (after article / possessive pronoun)
Maar	Only (in front of number)

Which one do you choose? Ask yourself two questions:

- Is there a number after only? Use **maar**.
- Is there an article or a possessive pronoun before only? Use **enige**.
- In other cases, use **alleen** or **enkel**.

What if there's both a number after and an article in front? Use enige.

- Dat zijn <u>mijn</u> **enige** <u>drie</u> vragen. (These are my only three questions)

Maar can also be used with words like weinig and een beetje:

- We hebben **maar** een beetje geduld. (We only have a bit of patience)

Examples:

Dat is **enkel** voor jou.	That's only for you.
We hebben **alleen** gewerkt.	We've only worked / We've worked alone.
Is dat de **enige** e-mail?	Is that the only email?
Er zijn **maar** drie vragen.	There are only three questions
Er zijn **enkele** vragen.	There are a few questions.

Exercises:

Fill in: maar, enige or enkel:

1. We hebben _____ drie uur.
2. Ze komen _____ voor hem.
3. Ik zie er _____ twaalf.
4. Dat is het _____ dat ik wil doen.
5. Spreek je _____ met hem?
6. Is dat jouw _____ computer?
7. Hij zal _____ dat zeggen.
8. We gaan _____ naar die plek.
9. Ze heeft _____ drie mogelijkheden.
10. Hij wil _____ naar de speeltuin gaan.
11. Voor mij is dat de _____ optie.
12. We krijgen _____ een paar minuten.
13. Het _____ dat hij wil, is slapen.
14. Is het nog _____ 8 uur?
15. Dat zijn de _____ twee auto's hier.

6.6 Maar

Maar's easiest translation is but, but it has other uses too.

| Maar | But, soften imperative, only |

One can only translate maar as 'only' with quantities (see previous chapter):

- Ik wil **maar** één kilo. (I only want one kilo)
- Zij spreekt **maar** een beetje Engels. (She speaks only a bit of English)

Examples:

Ik ben een man, **maar** zij is een vrouw.	I am a man, **but** she is a woman.
Eet **maar** die koekjes.	Eat those cookies.
Ik heb **maar** twee dagen.	I **only** have two days.

In some cases, maar is used purely decoratively:

- Morgen ga ik dan **maar** wandelen. (I'll walk tomorrow)

When using the imperative, maar can sometimes imply permission:

- Geef die stylo's **maar**. (I give you permission to give those pens)

6.7 Toch

Toch is a strange word as there is no equivalent in English.

Toch	To ask for confirmation.
	To oppose earlier statements or expectations.
	With imperative

Examples:

Dat is **toch** goed?	That's good, **isn't it?**
Hij gaat **toch** naar school.	He goes to school, even though it was expected he wouldn't.
Je bent Jan, **toch**?	You're Jan, **right**?
Het regent, maar ik ga **toch** wandelen.	It rains, but I'm going to have a walk despite the fact people aren't expected to walk in the rain.
Doe dat **toch** eens!	Do it!
Dat antwoord is niet goed. Ah, wacht, neen, het is **toch** goed!	That answer isn't good. Oh, wait, it is good (opposing statements).

6.8: The prepositions aan, bij and op

Note that there are other uses to these prepositions. Toe in Dutch is not a preposition.

Aan	To, on, at, along
Naar	To (in the direction of, with movement)
Op	Physically on
Bij	Near, in the vicinity of

Examples:

Zeg het **aan** Jan.	Tell it to Jan.
Ga je **naar** de keuken?	Are you going to the kitchen?
We zijn **op** onze stoel.	We are on our chairs.
Is dat **bij** de school?	Is that near the school?

Aan

Aan is to, but unlike naar, has no direction or movement like naar:

- Vraag het **aan** hem. (Ask it to him)
- Kijk je **naar** buiten? (Are you looking outside?) The direction is outside.

- We vliegen **naar** Rome. (We're flying to Rome) The movement is flying.

Aan is often used as a fixed preposition with a verb, just like op and bij:

- Zeg het **aan** hem. (Tell it to him)
- Ik wacht **op** de bus. (I'm waiting for the bus)
- Dat past niet **bij** jou. (It doesn't fit you)

Other verbs: denken aan, vragen aan, twijfelen aan, werken aan...

Aan is also used for the present continuous (zijn + aan het + infinitive, see chapter 2.13):

- We zijn **aan** het slapen. (We are sleeping)
- Hij is in Gent **aan** het eten. (He's eating in Ghent)

Op
Op is generally 'physically on top of':

- De computer is **op** het bureau. (The computer is on the desk)
- De lamp hangt **aan** het plafond. (The lamp is hanging on the ceiling)

Op is always used with certain words like 'manier' and with technology-related words. In the last example, op has no article because it's in a general sense:

- Je moet het **op** die manier doen. (You have to do it this way)
- Ben je **op** de computer? (Are you on the computer?)
- Ze zijn **op** het internet. (They're on the internet)
- Ze werken **op** kantoor terwijl hun kinderen **op** school zijn. (They're at the office while their kids are at school)

Op is also used with days of the week:

- Kom je **op** maandag of **op** een andere dag? (Are you coming on Monday or on another day?)

Op also means 'out of stock' or 'fully consumed':

- Het papier is **op**. (We're out of paper)

For near, Belgians use both aan and bij, but Dutch people only use bij.

- We zijn **aan** het meer. (We are near the lake (Belgium))
- We zijn **bij** het meer. (We are near the lake (Belgium & the Netherlands))

Bij
Near is the best translation for bij, but bij is more of a notion, being near to something. Werken is typically 'bij':

- Kom je **bij** mij? (Are you coming to/near me?)
- Bel me **bij** problemen. (Call me in case of problems, call me 'if you're nearing' problems)
- Werk je **bij** dat bedrijf? (Are you working at that company?, you're 'near' that company)

Two common mistakes of bij, don't use bij for the second one, which is the passive:

- **Bij**voorbeeld is 'for example'
- Het wordt **door** hem gedaan. (It's done by him.)

Aan, op and bij is also used as a separable part of separable verbs (see chapter 2.19).

- Hij moet aanvallen en hij valt **aan**! (He has to attack and he attacks)
- Neem je dat **op**? (Are you recording?)
- We zijn drie kilo **bij**gekomen. (We've put on 3 kilos)

Exercises:

Fill in: naar, aan, op, door, bij?

1. We gaan _____ het strand. (we're going to the beach)
2. _____ school leren we veel dingen. (at school, we're learning lots of things)
3. Ze blijven _____ ons. (they stay with us)
4. Ben je _____ het werken? (are you working?)

5. Het boek is _____ haar geschreven. (the book was written by her)
6. Zit eens _____ de stoel. (sit on the chair)
7. Hij werkt _____ dat project. (he's working on that project)
8. Ze nemen de video _____. (they're recording the video)
9. _____ die rivier willen we niet wonen. (we don't want to live along that river)
10. De kano is _____ de rivier. (the canoe is on the river)
11. Is het eten _____? (Is the food consumed?)
12. De stylo is _____ het bed. (the ballpen is on the bed)
13. Ben je _____ hem gegaan? (did you go to him?)
14. Ik wil het _____ die manier doen. (I want to do it this way)
15. Heb je het _____ haar gezegd? (did you tell her?)
16. Ze werkt _____ een organisatie. (She works at an organisation)
17. Waarom twijfel je _____ haar? (why are you doubting her?)
18. We doen het _____ vrijdag. (we're doing it on Friday)
19. Kom eens _____ ons thuis. (come at our place)
20. We zullen het _____ het internet vinden. (we'll find it on the internet)
21. Ik vraag het _____ hem. (I'm asking him)

6.9 Eens

Eens is once and sometimes doesn't mean much. Context should help.

Eens	Once, soften imperative

Eens is also used to soften the imperative, otherwise it sounds very direct.

Examples:

Ik ging eens naar Parijs...	Once, I went to Paris...
Kom eens hier.	Come here. (nicely)
Dat is eens interessant.	That's interesting.

Eens is often not pronounced fully, sometimes it's just an s sound:
- Ga **'ns** naar buiten. (Go outside)

Do not confuse eens with één (1), een (a) and en (and).

- **En** ik heb **eens een** man gezien met **één** oog. (And once I saw a one-eyed man)

6.10 Even

Even seldom means even in English, it's only translated as even for 'even' numbers.

- 2 en 4 zijn **even** getallen. (2 and 4 are even numbers)

| Even | As, a while, softening imperative, even |

Even is used in the comparative when there is no difference between what you're comparing.

- Ze zijn groot. Hij is **even** groot. (They are tall. He is as tall (as them))

Sometimes, even isn't translated in English. It's purely decorative and gives a bit of a positive 'vibe' to the sentence:

- Kan je dat **even** doen? (Can you do it?)

And how do you say 'even' from English? Use zelfs:

- Ze hebben **zelfs** die mappen verkocht! (They even sold those binders!)

Examples:

Die auto is **even** snel als deze auto.	That car is **as** fast as this car.
We gaan **even** rusten.	We're going to rest **for a while**.
Doe dat **even**.	**Please** do that.
2, 4 en 6 zijn **even** getallen.	2, 4 and 6 are **even** numbers.

6.11 Ook & wel

Ook means also, wel opposes earlier statements but can also be used as a filler word.

Ook	Also, too, as well
Wel	Well, opposing statement

The most common mistake is to put 'ook' just after the subject. In Dutch, it would mean 'too' instead of also.

- Hij **ook**, is een Nederlander. (He too, is a Dutch person)
- Hij is **ook** een Nederlander. (He also is a Dutch person)

The preferred place of ook is at the end, before second verbs, if any:

- Ik moet dat morgen **ook** doen. (I also have to do that tomorrow)

Wel has two main functions: to oppose what is said earlier (with emphasis) and as a bit of decoration:

- Hij zal dat **wel** doen. (He will do it, even though you said he won't, some emphasis on wel here)
- Hij zal dat **wel** doen. (He will do it)

Examples:

Hij **ook**, ziet het niet.	He too, doesn't see it.
Ik wil **ook** water drinken.	I also want to drink water.
Hij moet het **ook** doen.	He has to do it as well. / He also has to do it.
Wel, dat is interessant.	Well, that's interesting.
Dat is niet goed. Nee, dat is **wel** goed!	That's not good. No, it is good!

Wel is not the adverb like in English:
- Hij rijdt **goed**. (He drives **well**)

6.12 Dan

Dan means both than and then.

Examples:

Dan gaan we naar Nederland.	**Then** we're going to the Netherlands.
Dat boek is interessanter dan dit boek.	That book is more interesting **than** this book.

Dan is used with the comparative (see chapter 4.2) when there is a difference between the two things you're comparing. If it's the same, use als:

- Jij bent beter **dan** hem. (you're better than him)
- Jij bent even goed **als** hem. (you're as good as him)

Sometimes, dan doesn't mean much and has largely a decorative function. Context matters here:

- Wel, **dan** is dit goed. (Well, it's good)

7. Solutions

1.4: Jij, jouw, jou

1. Zie **jij** me?
2. Dat is **jouw** probleem.
3. Ik geef **jou** mijn boek.
4. Zijn die papieren van **jou**?
5. Eet **jij jouw** salade?
6. Wel, **jouw** punten zijn goed.
7. **Jij** zwemt goed.
8. Is dat van **jou**?
9. Hij zegt **jou** dat het goed is.
10. Ik vraag **jou jouw** boeken.
11. Ga **jij jouw** drankjes nemen?
12. Ik doe het voor **jou**.

2.1: Present tense

1. Ik maak, jij maakt, hij/zij maakt, wij/jullie/zij maken
2. Ik geloof, jij gelooft, hij/zij gelooft, wij/jullie/zij geloven
3. Ik luister, jij luistert, hij/zij luistert, wij/jullie/zij luisteren
4. Ik geef, jij geeft, hij/zij geeft, wij/jullie/zij geven
5. Ik werk, jij werkt, hij/zij werkt, wij/jullie/zij werken

1. Jij **ziet** hem.
2. We **spreken** nu.
3. **Werk** je?
4. Ze **wassen/wast** de auto.
5. Wat **denk** jij?
6. Hij **geeft** het.
7. Wat **denkt** u?

8. Jullie **lopen**.
9. Ik **zie** het.
10. Jij **schrijft** goed.

2.4: Not: niet and geen

1. Gaan ze morgen **niet** naar Brussel?
2. Hij werkt **niet**.
3. We willen **geen** problemen.
4. Gaan jullie dat **niet** doen?
5. We nemen de tram **niet**.
6. Dat is **niet** langzaam.
7. Rijd je **niet** met de auto?
8. Ze moeten **niet** naar de muziek luisteren.
9. We schrijven **niet** naar hem.
10. Kan je dit **niet** lezen?
11. We hebben **geen** vragen.
12. Dat concert is **niet** goed.
13. Morgen zullen we **geen** appels eten.
14. We houden **niet** van dat soort muziek.
15. Hier zwemmen **geen** mensen.
16. We wachten **niet** op een bus.
17. Dat zal **geen** probleem zijn.
18. Die oefeningen zijn **niet** moeilijk.
19. We denken dat **niet**.
20. Ik zal het hem **niet** vragen.

2.8 Future tense

1. Morgen wil ik lezen.
2. Ik ga naar België.
3. We zullen schrijven.
4. Ik zal dat doen.

5. Ze zullen spreken.

2.9 Graag

1. Wij gaan graag naar het strand.
2. Ze komen niet graag terug.
3. Ik kijk graag naar tv.
4. Wandel je niet graag in de natuur?
5. Hij werkt graag voor dat bedrijf.
6. Drink je graag koffie?
7. Wij lezen niet graag boeken.

2.10 To like

- Hij heeft graag katten.
- Hij houdt van katten.
- Hij vindt katten leuk.

- Ik rijd graag.
- Ik hou ervan om te rijden.
- Ik vind het leuk om te rijden.

- Ze eten graag in het restaurant.
- Ze houden ervan om in het restaurant te eten.
  Ze vinden het leuk om in het restaurant te eten.

2.13 Present continuous

1. We zijn aan het zwemmen.
2. De collega's zijn met mij aan het spreken.
3. Ze zijn het boek aan het lezen.
4. Ik ben aan het rijden.
5. Ben je aan het wandelen?

6. Ze staan het water te drinken.
7. Je zit naar tv te kijken.
8. Hij ligt te dromen.
9. We zitten pizza te eten.
10. Sta je te denken?

2.14 Perfectum

1. Ik heb gelegd
2. Jij hebt geprobeerd
3. Hij heeft gevraagd
4. Zij heeft gevolgd
5. U hebt/heeft geantwoord
6. Wij hebben gevormd
7. Jullie hebben gezet
8. Zij hebben gekost

2.15 Imperfectum

1. Ik legde
2. Jij probeerde
3. Hij maakte
4. Zij volgde
5. U antwoordde
6. Wij vormden
7. Jullie leefden
8. Zij kostten

2.17 To mean

1. Wat **bedoelen/bedoelt** ze met 'misschien'?
2. Dat **betekent** dat ze zullen moeten werken.
3. Hij **bedoelt** het zo niet.

4. 20 uur per week, dat **betekent** vier uur per werkdag.
5. **Meent** hij het?
6. Ze **betekenen** veel voor ons, het zijn onze goeroes.
7. We **menen** te weten waar hij is.
8. Jan **bedoelt** dat we het later mogen doen.
9. Dat woord **betekent** iets anders.
10. Het ruime sop kiezen, wat **betekent** dat?
11. We begrijpen niet wat hij **bedoelt**.
12. Jullie **bedoelen** dus dat jullie de lunch later nemen?
13. Ik begrijp het niet, wat **bedoel** je nu?
14. Ze **betekent** veel voor haar stad.

2.18 To continue

1. Jan en Joris blijven aan een nieuw project denken.
   Jan en Joris denken verder/door/voort aan een nieuw project.
2. Je mag blijven drinken.
   Je mag doordrinken/verder drinken/voortdrinken.
3. We zijn blijven eten. (explanation: auxiliary verb to blijven is zijn, two verbs in the past tense become infinitive)
   We hebben doorgegeten / verder gegeten / voortgegeten.
4. Morgen gaan we blijven reizen.
   Morgen gaan we doorreizen / verder reizen / voortreizen.

2.22 The passive

1. De mensen doen dat hier niet.
Dat wordt hier niet gedaan.
2. Hij leest het boek.

Het boek wordt (door hem) gelezen.
3. De mensen zullen de envelop wel sturen.
De envelop zal wel gestuurd worden.
4. Hij heeft de brief gelezen.
De brief is (door hem) gelezen.
5. De kinderen wassen hun auto.
Hun auto wordt (door de kinderen) gewassen.
6. Jullie deden de oefeningen.
De oefeningen werden (door jullie) gedaan.
7. Ik heb de facturen betaald.
De facturen zijn door mij betaald.
8. Ze zet de tv uit.
De tv wordt (door haar) uitgezet.
9. De mensen zullen die problemen oplossen.
Die problemen zullen worden opgelost.
10. Aten de mensen alle koekjes?
Werden alle koekjes gegeten?
11. De mensen waarschuwen je.
Je wordt gewaarschuwd.
12. De tegenpartij heeft hard onderhandeld.
Er is hard onderhandeld (door de tegenpartij).
13. Regelden de mensen dit?
Werd dit geregeld?
14. Ze heeft het hotel geboekt.
Het hotel is door haar geboekt.

2.24 To know

1. Ze **weet/weten** niet veel over onze stad.
2. We kennen/weten dat niet.
3. **Weet** je waar hij is?
4. Ik **ken** Nederland goed.
5. **Ken** je Russisch?

6. Die **weet** weinig over computers.
7. We **kennen** die winkel, hoor.
8. Ze **weten/weet** wie Jan is.
9. Ze **kennen/kent** hun buren niet.
10. Wie **weet** wanneer de trein komt?
11. Ik **ken** die auto.
12. Hij **kent** dat boek.
13. We **kennen** die stad niet.
14. **Ken** je ons nieuwe gebouw?
15. Dat **weet/ken** ik niet meer.
16. **Kent** hij Rosa?

3.2 Inversion

1. Soms rijd ik met de auto.
2. Maar hij weet het niet.
3. Waarom wil je dat niet?
4. Eigenlijk is dat interessant.
5. In Amsterdam rijden veel mensen.
6. Nu ga ik.
7. En ze zijn goed.
8. Wat vraag je mij?
9. Misschien zwemmen we niet goed.
10. Doen ze het niet?

3.4 Als, zoals, of

1. Ik wil eten **als** ik honger heb.
2. Ze weten niet **of** ze het willen.
3. **Als** het goed is, doen we het morgen.
4. Doe het **zoals** Sara.
5. Ik wil die **of** die telefoon hebben.

3.5 After

1. Ze komen **na** hun presentatie.
2. **Daarna** zullen we misschien iets eten.
3. Misschien **nadat** we thuis komen. (tricky: verb is at the end, so not daarna)
4. **Na** de wedstrijden komen de spelers naar de fans.
5. Dat zal voor **na** de vakantie zijn.
6. Ze komen **nadat** ik ze roep.
7. Eerst het werk, **daarna** komt het plezier.
8. Kunnen we dat doen **nadat** onze buur weg is?
9. We zullen het **daarna** doen.
10. **Na** het ontbijt gaan we naar school.
11. **Daarna** kijken ze naar tv.
12. Dat doen we enkel **nadat** jullie hier komen.
13. **Na** twintig minuten ben ik moe.
14. We komen **nadat** jullie gedaan hebben.
15. Misschien komen we **daarna** thuis.

3.6 Before

1. Ik denk dat ze voor de pauze komen.
2. Ben je de laatste in de klas?
3. Vroeger kwamen ze altijd te laat.
4. Dat hebben we een paar weken geleden gezien.
5. Hij gaat elke dag vroeg naar het werk.
6. Misschien was dat vorige/verleden maand interessant.
7. 3 dagen geleden wist ik dat niet.
8. We zullen één bus vroeger nemen. (vroeg also possible but unlikely, as in: we'll catch just one early bus)

9. Nu doen we dat niet meer, maar in het verleden wel.
10. Vandaag is de laatste dag op school.
11. Dat was vorige/verleden week op tv!
12. Moest je dat voor dat project doen?
13. Wie eet het laatste koekje?
14. Dat zullen we voor 5 uur doen.
15. Vorig/verleden weekend hebben we een wandeling gedaan.

4.2 Comparative

1. Dat project is belangrijker dan jouw project.
2. Die twee auto's zijn even mooi als die auto.
3. Hij werkt minder hard dan ik.
4. Ik vind die stad beter dan onze stad.
5. Ze zwemt meer dan hij.
6. We rijden minder snel dan Jan.
7. We drinken minder dan vroeger.
8. Ze eten even veel als hen.
9. Is die nu groter dan ik?
10. We hebben meer te doen dan Sarah.

4.4 Some

1. Ik ga **soms** naar de winkel.
2. **Sommige** patiënten gaan beter.
3. **Soms** doe ik de afwas. (doing the dishes)
4. Ik lees soms/sommige boeken.
5. Op **sommige** dagen werk ik niet.
6. De **som** van 1 plus 1 is twee.
7. **Sommige** doen het, andere niet.
8. We hebben **sommige/soms** rapporten niet gelezen.

9. Dat doe ik **soms**, ja.
10. We gaan **soms** naar de supermarkt.
11. We kijken naar **sommige** supermarkten.
12. Ik heb met **sommige** studenten gesproken.
13. **Soms** is dat goed, **soms** niet.
14. **Soms** werk ik aan de computer.
15. In **sommige** scholen hebben de kinderen veel speeltijd.
16. **Soms** wil ik naar Azië gaan.
17. Ik doe **soms/sommige** oefeningen.
18. Hij heeft het **soms** gedaan.
19. Je moet die **som** nu maken!
20. Dat is een grote **som**!

4.5 Busy

1. Waarom gaan we naar dat **drukke** plein?
2. Het toilet is nu **bezet**.
3. Kan je me helpen? Nee, ik ben **bezig**.
4. Die vrouw is altijd **druk** bezig.
5. Vandaag zal ik het **druk** hebben: ik heb zoveel vergaderingen!
6. Ben je er al lang mee **bezig**?
7. We moeten veel verkopen: er is veel **druk**.
8. Is dat project gedaan of is het nog **bezig**?
9. Mijn baas is een **drukke** mens.
10. Nee, die paskamer is niet meer **bezet**.
11. Ben je al lang **bezig** met deze persoon?
12. Ik hou niet van **drukke** pleinen.
13. Hoe lang ga je nog **bezig** zijn?
14. In de bioscoop zijn de stoelen snel **bezet**.
15. Dat doen we terwijl de presentatie **bezig** is.

4.6 Very

1. We zien **veel**.
2. Heb je **veel** problemen?
3. Dat is **heel** goed.
4. We hebben hier **veel** stoelen.
5. Waw, dat is een **heel** mooie stad.
6. Morgen gaan we **veel** winkelen.
7. Er zijn **veel** steden in de buurt.
8. Lees je **heel** snel?
9. Maar we zijn **heel** moe.
10. **Veel** mensen denken dat.
11. Ze rijdt **veel** in Duitsland.
12. Ik kan dat **heel** goed begrijpen.

4.7 All

1. Wil je **al** de video's zien? (Do you want to see all the videos?)
2. Ze kunnen **alles** herstellen. (They can repair everything)
3. **Alles** is voor jou! (Everything is for you)
4. Zijn ze **alleen** thuis? (Are they home alone?)
5. Ze vergeten **al** hun boeken. (They forget all their books)
6. Je moet **alle** dagen studeren. (You have to study all days)
7. **Iedereen** is gekomen. (everyone came)
8. Is **alles** van jou? (Is everything yours?)
9. **Alle** oefeningen zijn in dat boek. (All the exercises are in that book)
10. Vergeet niet **alles**! (Don't forget everything!)
11. Kom je **alleen**? (Do you come alone?)

12. Ze kan **al** de oefeningen maken. (She can make all the exercises)
13. Ken je **alle** buren uit jouw straat? (do you know all the neighbours from your street?)
14. Dat is **alles**. (that's all)
15. **Al** mijn bloemen zijn weg. (All my flowers are gone)
16. Dat is **al** goed. (That's already good)
17. Ik neem **al** mijn papieren. (I take all my papers)
18. Ze zijn **alle** documenten vergeten. (They forgot all the documents)
19. Waar is **iedereen**? (Where is everyone?)
20. Kijk naar **alle** video's. (Watch all the videos)
21. Doe **alle** oefeningen snel. (Do all the exercises quickly)
22. Ik wil **alleen** dat doen. (I only want to do that)
23. Heb je **al** de films? (Do you have all the films?)

4.8 Most

1. **Meestal** is het goed.
2. Goed, we hebben de **meerderheid** in de vergadering.
3. De **meeste(n)** zijn er nog niet.
4. Heb je de **meeste** foto's gezien?
5. De **meeste** oplossingen zijn in het boek.
6. Hij eet het **meeste/meestal**.
7. **Meestal** spreekt hij.
8. **Vooral** in de winter drinken we soep.
9. Ik wil **vooral** het IT-team bedanken.
10. Heb je al een **meerderheid** voor dat voorstel?
11. De **meeste** dagen kijken we naar series.
12. De **meerderheid** van de mensen hier wil naar die film kijken.

13. We gaan **meestal** in het weekend, maar soms ook op maandag.
14. We hebben de **meeste** muzikanten gezien.
15. Ze fietsen het **meest** in de winter.

4.9 Other

1. Kan je dat aan de **andere** collega's vragen?
2. **Anders** doen we het morgen.
3. Nee, nee, ik bedoelde iets **anders**.
4. Ik zou graag een **ander** project willen doen.
5. De **anderen** gaan ook komen.
6. Ik zie **andere** mensen.
7. Waarom heeft hij **andere** ideeën?
8. Mja, hij is gewoon **anders**.
9. We zullen het een **andere** keer doen.
10. Dat zal voor een **andere** dag zijn.
11. Zoek maar iemand **anders** voor dat probleem.
12. Ik lees **anders/andere** boeken.
13. We kunnen het **anders/andere** naar de bibliotheek brengen.
14. Ze zegt dat we geen **andere** keuze hebben.
15. Ik zie dat **anders**.
16. We schrijven op een **andere** manier.
17. Ik bezoek een **andere** kerk.
18. De **anderen** willen dat niet.
19. We gaan via een **andere** weg.
20. Een **ander** boek zou interessanter zijn.

5.3 Time

1. Heb je **tijd** voor mij?
2. Twee dagen? Die **termijn** is zeer kort!

3. Kopieer het blad twee **keer**.
4. Op dit **moment** zoeken we niemand.
5. Dat zal ik **ooit** doen, ja.
6. En op dat **moment** zullen we je bellen.
7. Ik probeer het één **keer**.
8. Doe het drie **keer**, en dan is het ok.
9. **Tijd** om te eten!
10. Jij hebt echt te veel **tijd**.
11. Dat zal je **ooit** leren.
12. Vijf **keer** is genoeg.

5.5 Half

1. Ik werk **halve** dagen nu.
2. Geef me de **helft**.
3. Een **halve** maan is mooi.
4. De **helft** van de mensen denkt er anders over.
5. Ga je die **helft** vandaag doen?
6. We hebben een **half** uur niets gedaan.
7. Ik zit aan de **helft**.
8. Ik heb maar een **half** boek, ik zoek de andere **helft**.

6.1 Er

1. Ik heb er dertig.
2. Ja, ik ben er al geweest.
3. Ja, ik kijk ernaar.
4. Ik heb er geen. Ik heb er nul.
5. Ja, ik ben er.
6. Ja, ik sta ervoor.

1. Er wandelen veel mensen.
2. Er dansen sommige mensen.
3. Er drinken vier mannen thee.

1. Nee, ik kijk er niet naar.
2. Nee, ik ben er niet.
3. Nee, ik sta er niet voor.

6.2 Om te

1. We gaan naar het strand om te zwemmen.
2. Ik zoek een lamp om in het donker te lezen.
3. Ga je naar de buurman om een enveloppe te vragen?
4. Ze koopt het boek om Nederlands te leren.
5. We boeken een hotel om in het hotel te slapen.
6. Ze rijden naar Amsterdam om het museum te bezoeken.
7. Ik ga naar het zwembad om te zwemmen.
8. Hij opent het woordenboek om het woord te vinden.
9. We bellen Jan om hem iets te vragen.
10. Je kan naar tv kijken om je te ontspannen.

6.4 Nog

1. Heb je nog examens?
   Ja, ik heb nog examens.
   Nee, ik heb geen examens meer.
2. Wil je nog werken?
   Ja, ik wil nog werken.
   Nee, ik wil niet meer werken.
3. Kan je nog lezen?
   Ja, ik kan nog lezen.
   Nee, ik kan niet meer lezen.
4. Kijk je nog tv?
   Ja, ik kijk nog tv.
   Nee, ik kijk niet meer tv.

6.5 Only

1. We hebben **maar** drie uur.
2. Ze komen **enkel** voor hem.
3. Ik zie er **maar** twaalf.
4. Dat is het **enige** dat ik wil doen.
5. Spreek je **enkel** met hem?
6. Is dat jouw **enige** computer?
7. Hij zal **enkel** dat zeggen.
8. We gaan **enkel** naar die plek.
9. Ze heeft **maar** drie mogelijkheden.
10. Hij wil **enkel** naar de speeltuin gaan.
11. Voor mij is dat de **enige** optie.
12. We krijgen **maar** een paar minuten.
13. Het **enige** dat hij wil, is slapen.
14. Is het nog **maar** 8 uur?
15. Dat zijn de **enige** twee auto's hier.

6.8 Aan, bij, op

1. We gaan **naar** het strand. (we're going to the beach)
2. **Op** school leren we veel dingen. (at school, we're learning lots of things)
3. Ze blijven **bij** ons. (they stay with us)
4. Ben je **aan** het werken? (are you working?)
5. Het boek is **door** haar geschreven. (the book was written by her)
6. Zit eens **op** de stoel. (sit on the chair)
7. Hij werkt **aan** dat project. (he's working on that project)
8. Ze nemen de video **op**. (they're recording the video)
9. **Aan** die rivier willen we niet wonen. (we don't want to live along that river)
10. De kano is **op** de rivier. (the canoe is on the river)
11. Is het eten **op**? (Is the food consumed?)
12. De stylo is **op** het bed. (the ballpen is on the bed)
13. Ben je **naar** hem gegaan? (did you go to him?)
14. Ik wil het **op** die manier doen. (I want to do it this way)
15. Heb je het **aan** haar gezegd? (did you tell her?)
16. Ze werkt **bij** een organisatie. (She works at an organisation)
17. Waarom twijfel je **aan** haar? (why are you doubting her?)
18. We doen het **op** vrijdag. (we're doing it on Friday)
19. Kom eens **bij** ons thuis. (come at our place)
20. We zullen het **op** het internet vinden. (we'll find it on the internet)
21. Ik vraag het **aan** hem. (I'm asking him)

8. QR codes

1.1 Personal pronouns	1.2 The possessive	1.3 Personal pronouns (objects)
1.4 Jij, je, jou, jouw	1.5 Hun, hen, ze	1.6 Die, dit, dat
2.1 Present tense	2.2 To be	2.3 To have
2.4 Niet & geen	2.5 The imperative	2.6 Moeten

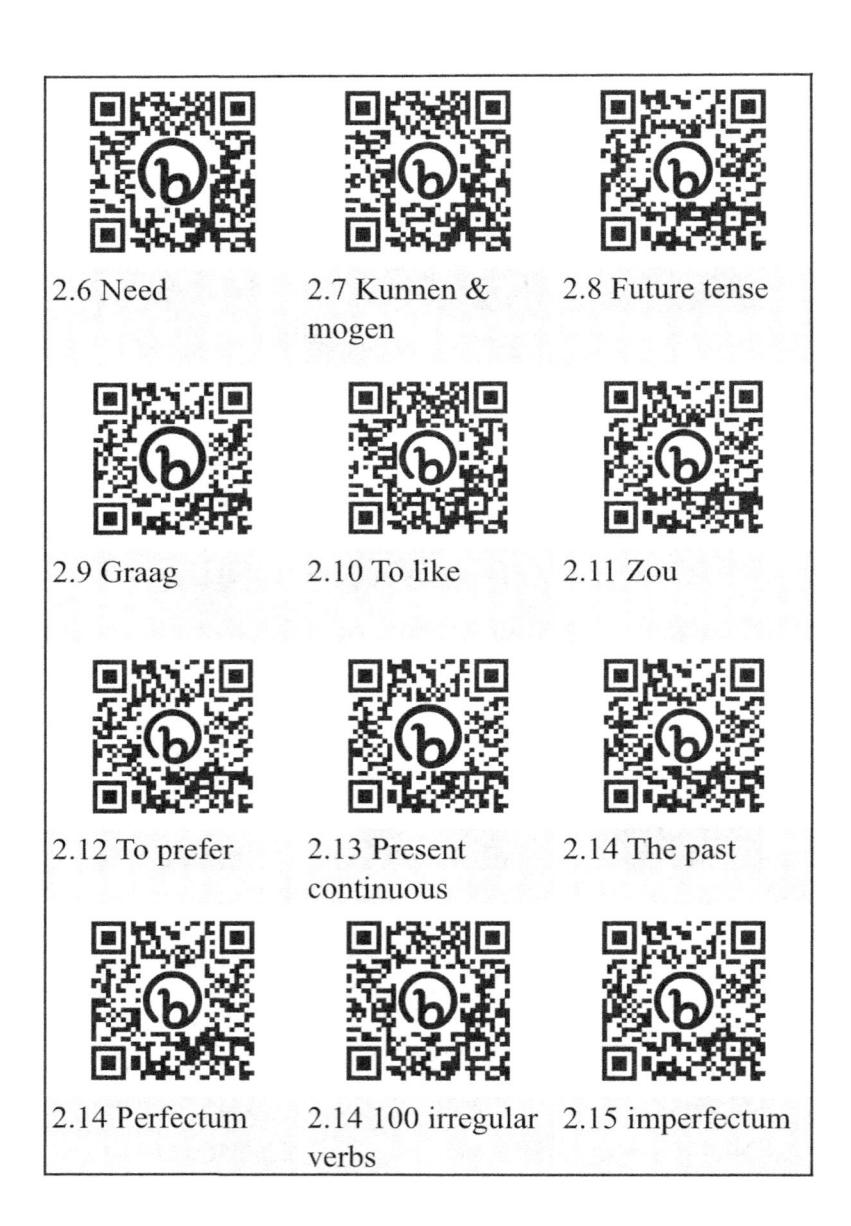

2.6 Need	2.7 Kunnen & mogen	2.8 Future tense
2.9 Graag	2.10 To like	2.11 Zou
2.12 To prefer	2.13 Present continuous	2.14 The past
2.14 Perfectum	2.14 100 irregular verbs	2.15 imperfectum

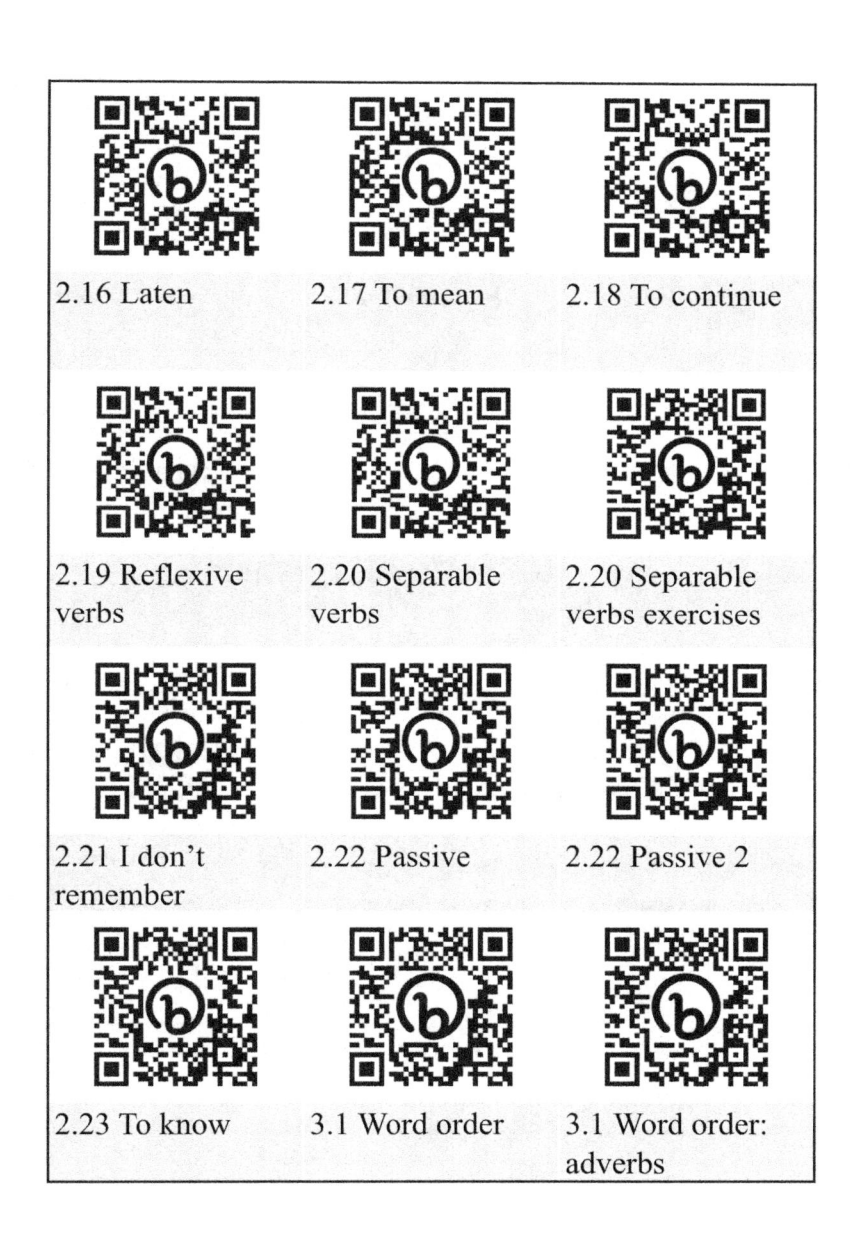

2.16 Laten	2.17 To mean	2.18 To continue
2.19 Reflexive verbs	2.20 Separable verbs	2.20 Separable verbs exercises
2.21 I don't remember	2.22 Passive	2.22 Passive 2
2.23 To know	3.1 Word order	3.1 Word order: adverbs

[QR] 3.2 Inversion	[QR] 3.3 Conjunctions	[QR] 3.3 Omdat & want
[QR] 3.4 Als	[QR] 3.4 Als / zoals	[QR] 3.4 Of
[QR] 3.5 After	[QR] 3.6 Before	[QR] 4.1 Adjectives -e
[QR] 4.2 Comparative	[QR] 4.3 Superlative	[QR] 4.4 Some

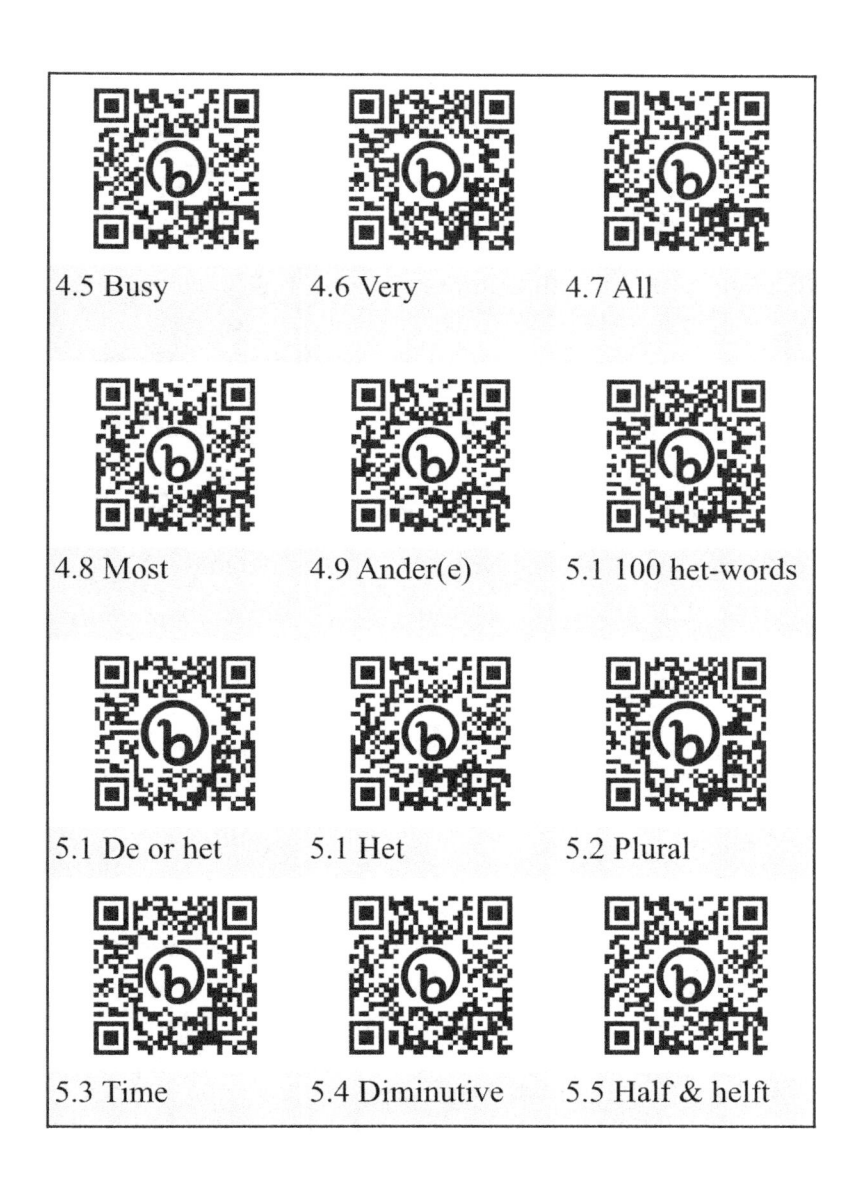

4.5 Busy	4.6 Very	4.7 All
4.8 Most	4.9 Ander(e)	5.1 100 het-words
5.1 De or het	5.1 Het	5.2 Plural
5.3 Time	5.4 Diminutive	5.5 Half & helft

6.1 Er 6.2 Om te 6.3 Te

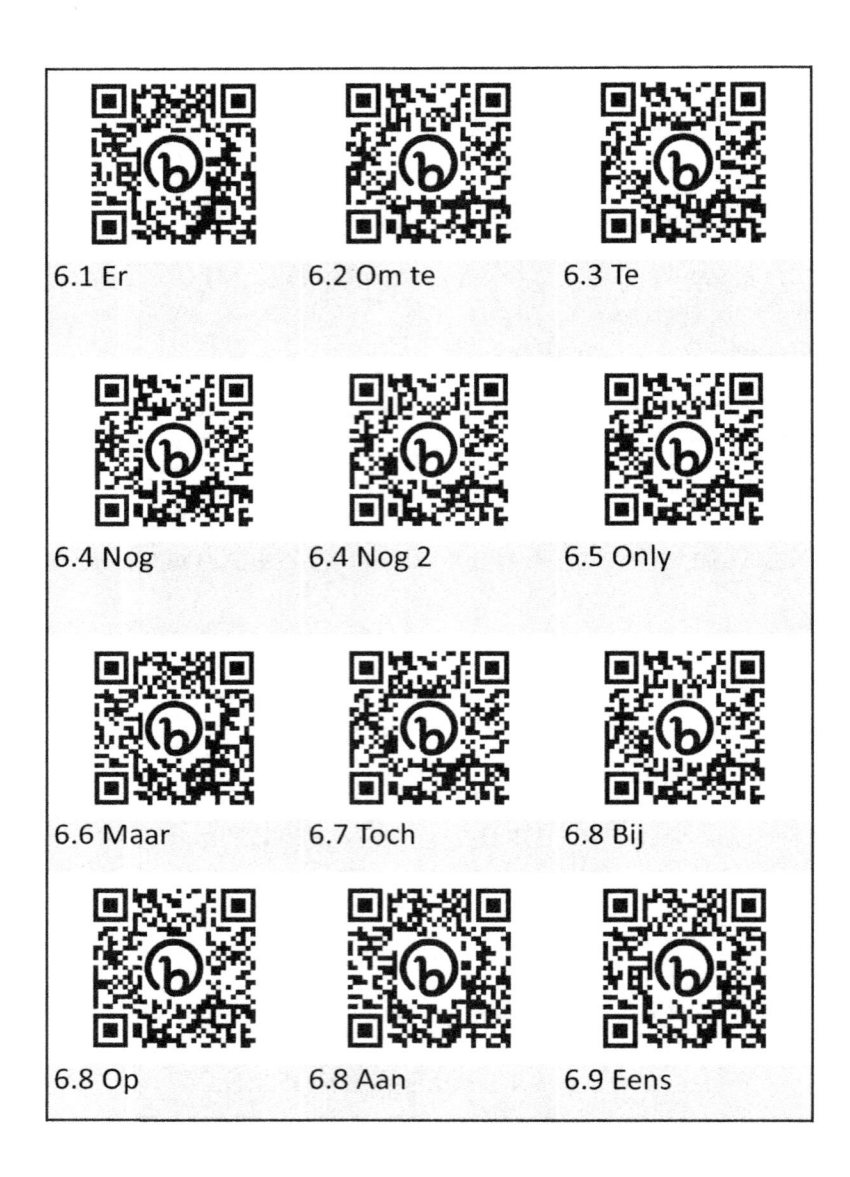

6.4 Nog 6.4 Nog 2 6.5 Only

6.6 Maar 6.7 Toch 6.8 Bij

6.8 Op 6.8 Aan 6.9 Eens

6.10 Even   6.11 Ook & wel   6.12 Dan

9. List of irregular Dutch verbs

Below is a list of the most common irregular Dutch verbs. The auxiliary verb is used with the perfectum. The plural of the imperfectum is after the / or the singular with the letters in between brackets.

Infinitive	Imperfectum	Auxiliary verb	Perfectum	translation
zijn	was / waren	zijn	geweest	to be
hebben	had(den)	hebben	gehad	to have
moeten	moest(en)	hebben	gemoeten	to have to
gaan	ging(en)	zijn	gegaan	to go
kunnen	kon(den)	hebben	gekund	to be able to
doen	deed / deden	hebben	gedaan	to do
weten	wist(en)	hebben	geweten	to know
worden	werd(en)	zijn	geworden	to become
zeggen	zei(den) or zegde(n) (1)	hebben	gezegd	to say

willen	wou(den) or wilde(n) (2)	hebben	gewild	to want
komen	kwam(en)	zijn	gekomen	to come
zitten	zat(en)	hebben	gezeten	to sit
staan	stond(en)	hebben	gestaan	to stand
zien	zag(en)	hebben	gezien	to see
kijken	keek / keken	hebben	gekeken	to watch
mogen	mocht(en)	hebben	gemogen	to be allowed to
laten	liet(en)	hebben	gelaten	to let
denken	dacht(en)	hebben	gedacht	to think
krijgen	kreeg / kregen	hebben	gekregen	to receive
vinden	vond(en)	hebben	gevonden	to find

1. zegde(n) is considered old Dutch in the Netherlands and formal in Belgium.
2. wou(den) is considered more informal

10: More Dutch

Intermediate Dutch Grammar: with exercises.

Read 10 funny, easy stories to improve your Dutch (A2):

10 easy stories to learn Dutch (A2-B1):

Avoid over 300 common Dutch language errors made by English speakers with my other book:

11: About the author

Curiously, when Alain de Raymond was young, many language teachers told him he wasn't so good at languages. His Dutch was poor. His English teacher even advised him to follow extra courses.

He discovered he loved languages when he went to Germany in 2010. He had some basic German skills but started to speak in German from day one. What he got in return was amazing: friendship, love, respect and a good level of German. Since then, he's passionate about languages.

Now he's proud to be able to express himself in French, Dutch, English, German, Maltese, Portuguese and Spanish. And he's always busy learning new languages and teach professionally since 2017.

He also has a life besides languages. He loves economics, politics and all the processes that shape society. He worked in communications a few years and holds 3 degrees: in Journalism, EU Studies and Management.